Glücks-Momente

Lebenswege und

Erfolgsprojekte

Lebensart-Verlag

Elke Börner

Glücks-Momente

© Lebensart-Verlag Döbeln
1. Auflage 2018
Alle Rechte vorbehalten.
Idee, Texte, Satz: Elke Börner
Fotos: Elke Börner/Bildnachweise
Lektorat: Ina von Brunn
www.landleben-creativ.de
ISBN: 978-3-942773-12-6

Lebenswege und Erfolgsprojekte

Wer das Glück finden möchte,
folge seiner Sehnsucht.

Vorwort:
Die Geschichten von Menschen sammeln

Ein Jahr war ich für dieses Buch in ganz Sachsen unterwegs und habe dazu nachgeforscht, worüber so viel gesprochen und wonach so oft gesucht wird: das Glück. Wohl kein Gefühl kann so flüchtig und so zerbrechlich sein. Und trotzdem oder gerade deshalb hat mich dieses Thema umhergetrieben. Ich bin bei meinen unzähligen Touren auf erstaunte, lächelnde und ungläubige Gesichter, aber auch auf recht ernste Antworten gestoßen: „Wieso ausgerechnet jetzt einen Bildband über das Glück herausbringen?" „Gerade jetzt", so bin ich sicher. Es gibt viele tolle Menschen hier, unzählige originelle, inspirierende Lebenswege und Erfolgsprojekte, die es verdienen, gezeigt zu werden. Nach zehn Büchern zum Thema Leute und Häuser ist nun ein weiteres entstanden, das den Fokus noch mehr als bisher aufs Tun und Genießen legt.

„Wenn ich selbst erzählen soll, was mich glücklich macht, so würde ich wohl sagen, dass es mein ganz normaler Alltag und mein Job ist: interessante Leute treffen, sie in ihrem Umfeld, ihrem Zuhause, ihrer Werkstatt, ihrem Atelier oder ihrer Pension besuchen, offene Türen vorfinden und das Vertrauen derer genießen, die ich interviewe. Keine Frage, dass mich dies stets aufs Neue erdet aber auch gleichermaßen inspiriert. Wir leben in einem Land, das reich ist an kreativen Menschen, an Ressourcen und Möglichkeiten. Meine Interviewpartner in diesem Buch sind Menschen mit Esprit, Unternehmer, Kunsthandwerker, Pensionsbetreiber, Hoteliers, auch Lebenskünstler schlechthin. Sie alle vereint wohl vor allem eines: das aktive Tun und die ständige Suche nach einem glücklichen, sinnvollen und erfolgreichen Dasein. Glück, so das Fazit, liegt für die Beteiligten recht oft im Augenblick, findet seinen Ausdruck aber auch in ihren tiefen Sehnsüchten oder langfristigen Konzepten, die in individuellen Projekten zum Tragen kommen. Lassen Sie sich von diesen Projekten und Lebensgeschichten inspirieren, verzaubern und auch selbst ein wenig dazu anregen, bei dem, was Sie täglich selbst tun und erleben, einfach glücklich zu sein."

Elke Börner

Um kreativ zu sein, braucht es einen freien Kopf und einen unverstellten Blick auf die Natur und das Leben. Für mich als Autorin ist es ein besonderes Glück, an Orten zu arbeiten, die lebendig oder auch still sind, die Kontraste bieten, gute Energien, Leben, Licht, Luft und Sonne. Ein solcher Ort befindet sich mitten in der Natur am Wochenendhäuschen im Garten, ein weiterer am offenen Fenster mit Blick auf die großen, alten Bäume im Park. Direkt vor unserem Haus gibt es ein kleines Straßencafé. Menschen zu treffen, sich mit ihnen auszutauschen und Kaffee zu trinken, das ist ebenfalls ein Glücks-Moment.

www.landleben-creativ.de

Und nun die ersten Glücks-Momente:

Mit Süßem verzaubern und überraschen	Tinas Café in Döbelns „Straßenkiez"	Seiten 8 – 11
Neue/alte Heimat und Leben mit den Gästen	Königliche Ausspanne, Familie Freudenberg in Dresden/Pillnitz	Seiten 12 –15
Kunst und Kultur in stilvollem Ambiente	Constanze Ulbricht, Leiterin der Baldauf Villa in Marienberg	Seiten 16 – 21
Die eigenen Ideen nach draußen bringen	Bettina Zimmermann, Schloss Batzdorf	Seiten 22 – 25
Refugien für Familie, Sportler & Gäste bauen	Fitness-Studio und Hostel der Familie Binder in Döbeln	Seiten 26 – 31
Kunstvolles Ambiente für Gäste schaffen	Art-Apartments in Dresden	Seiten 32 – 35
Ein Stück Italien entstehen lassen	„Cicchetto" und „Vinotore" Lunzenau	Seiten 36 – 39
Die Würze des Lebens genießen	Richard Friedrich aus Flöha über „Direkt vom Feld"	Seiten 40 – 43
Schmuck aus Porzellan kreieren	Beate Pfefferkorn, Elementaris Dresden	Seiten 44 – 47
Im Schloss leben und Gäste haben	Susann Schmidt, Rittergut Endschütz	Seiten 48 – 51
Den eigenen Stoffladen auf dem Land eröffnen	Eulenmeisterei von Silvia Eulitz in Petersberg bei Döbeln	Seiten 52 – 55
Das umsetzen, was von Herzen kommt	Fährhaus Meißen der Familie Paulsen	Seiten 56 – 61

Glücks-Moment:
Mit Süßem verzaubern und überraschen

"Mein ganz persönliches Backglück beginnt schon dann, wenn ich für eine bestimmte Runde oder eine Jubiläumstorte einkaufe und dafür meine Liste zusammenstelle. Dann das Auswählen der Zutaten. Frisch muss es sein. Vieles kommt auch aus dem eigenen Garten. Weiter geht es, wenn ich in meiner kleinen Küche am Körnerplatz die Zutaten bereitstelle, sie für genau das ultimative Rezept zusammenfüge, die Böden für eine Torte backe, sie aufschneide, die Füllung zubereite. Und wenn dann das Café öffnet und die Gäste sich über eine neue Kreation freuen, dann folgen noch weitere Glücksmomente.

Weil wir das kleinste Café der Stadt haben und eigentlich parallel ein Restaurierungsatelier und einen Buchverlag betreiben, ist nicht so viel Platz für gesellige Runden. Zu besonderen Gelegenheiten räume ich deshalb mein Restaurierungsatlier aus. Die Gäste sitzen dann umgeben von Werkbank und Werkzeugen, finden das zumeist originell, und fühlen sich offensichtlich wohl. Die Augen lügen nicht, auch nicht der erste Eindruck oder Geschmack, den ein Kuchen, ein Törtchen oder ein hausgemachtes Getränk hervorruft. Wenn ich das Leuchten im Gesicht meines Gegenübers sehe, ein Lächeln oder ein anerkennendes ´Hmmm` vernehme, dann weiß ich, dass ich jemand Anderem mit meinem Selbstgebackenem eine Freude bereitet und ihn glücklich gemacht habe."

Tinas Café in Döbelns „Straßenkiez"

Sie bäckt leidenschaftlich gern und betrachtet die Zutaten für ihre Torten und Kuchen als kreative Komponenten, um eine neue, möglichst leckere und gesunde Kreation zu schaffen. Im „ersten Leben" ist die Döbelnerin eigentlich eine studierte Restauratorin.

Wenn sie schönen alten Möbeln nicht gerade neues Leben einhaucht, steht die kreative Cafébetreiberin in ihrer kleinen Gewerbeküche im Erdgeschoss ihres Häuschens am Döbelner Körnerplatz und bäckt Kuchen für ihr Straßencafé oder für besondere Anlässe und Jubiläen ihrer Kunden und Gäste. Ihr Credo: Naturbelassen, traditionell, gesund und natürlich lecker soll das sein, was sie auf den Tisch bringt.

Blick in das Innere des
kleinsten Cafés in Döbeln im
Restaurierungsatelier sowie auf
den Bürgersteig vor dem Haus, auf
dem tagsüber viele Leute stadt-
ein- und -auswärts unterwegs sind
und sich an schönen Tagen Gäste
und Freunde treffen.

Tina Walter wählt für ihr Backwerk möglichst natürliche Ingredienzen, konventionelle, regionale und kreative Rezepturen.
Dafür nimmt sie Zutaten aus
dem eigenen Garten sowie solche,
die möglichst gesund und
naturbelassen sind.

www.facebook.com/tinascafe14

Genauso originell wie die Kuchen selbst sind auch die Tischdekorationen der Cafébetreiberin. Für eine Geburtstagsrunde im Atelier (oben und unten) wählt sie Zierdisteln aus dem Garten, Efeu und leuchtend rote Servietten. Ein Renner in Sommermonaten sind ihre Zitronentörtchen mit frischer Minze (Mitte), die gern zu Getränken wie selbstgemachter Gurkenlimonade bestellt werden.

Für eine Werbeaktion im Frühling hat die Döbelnerin sich selbst einen Bauchladen gebaut und ist damit durch die Stadt gegangen. Eine interessante Erfahrung, die sie nicht missen möchte aber in einer Kleinstadt auch nicht ständig wiederholen würde. Lieber kreiert sie in der eigenen Küche neue Kuchen oder Pralinen, die sie dann nachmittags zusammen mit Kaffee oder einem „Kolanussgetränk" (rechts) im eigenen Café serviert.

Königliche Ausspanne, Familie Freudenberg in Dresden/Pillnitz

Nach Umwegen ist die Familie Freudenberg in die Heimat zurückgekehrt, hat die Königliche Ausspanne in Dresden erworben und zu einem behaglichen Refugium um- und ausgebaut. „Meine Mutter Christine hatte immer Heimweh nach Sachsen", schildert Jacqueline Freudenberg, die den langen Weg der Familie zum neuen Zuhause miterlebt hat.

Nach der politischen Wende kehrte diese zurück und schuf sich in ihrer alten Heimat ein neues Zuhause. Eines, das heute mit seinem romantischen Stil und seiner besonderen Architektur polarisiert. Das Ensemble verzaubert die Gäste mit seinem besonders schönen Landhausstil, den Kreuzgewölben und seinem Garten, der von Rosen und Efeu berankt wird.

Glücks-Moment: Neue/alte Heimat und Leben mit den Gästen

„Erbaut wurde das Ensemble von Johann Georg von Minckwitz Anfang des 17. Jahrhunderts und dann mehrfach veräußert. Letztlich erwarb Friedrich August III. Anfang des 19. Jahrhunderts Remise und Stallungen und ließ dann vor Ort noch eine Brauerei und weitere Wirtschaftsgebäude errichten.

Wir entdeckten das Anwesen 1991/92, als wir zurückgekehrt waren und Kontakt zum damaligen ‚VEB Wachskerze‘ hatten, der im Inneren untergebracht war. Damals sah es hier noch grau, schmucklos und trist aus. Das Gelände des heutigen Gartens war betoniert, darauf standen Garagen. Die Häuser waren grau verputzt, die Dächer marode. Es brauchte schon eine gehörige Portion Vorstellungsvermögen, um das Potenzial zu erkennen.

Die Königliche Ausspanne nicht nur für uns herzurichten, sondern auch für Besucher zu öffnen, lag auf der Hand. Mit viel Liebe zum Detail bauten wir nach und nach die Räume um und aus, um Platz für Familie, Freunde und Gäste zu schaffen. Unser Konzept ging auf. Die Nähe zu Dresdens Innenstadt und Pillnitz zieht heute übers Jahr unzählige Gäste an, die unseren Landhausstil mögen und gemütlich übernachten und frühstücken möchten. Das Leben im Haus und der Austausch mit Menschen aus aller Welt sind für uns echte Glücksmomente."

Da, wo früher Garagen standen, grünt und blüht es heute. Den Garten vor der Königlichen Ausspanne hat Christine Freudenberg (unten rechts mit Ehemann Horst und Tochter Jacqueline) angelegt.

Die beiden Familien wohnen, leben und arbeiten im Haus und empfangen rund ums Jahr Gäste in den historischen Gebäuden – Leute, die Dresden und das Umland erkunden möchten.

www.koenigliche-ausspanne-dresden.de

Im Jahr 1832 erbaut, beeindrucken Königliche Remise und Stallungen mit ihren imposanten Kreuzgewölben und Sandsteinsäulen. Die einstige Sandsteinfassade (oben) ist wieder freigelegt und abgestrahlt worden. Neben Ferienzimmern und -wohnungen können die Gäste den weitläufigen Garten vor dem Haus mit lauschigen Sitzecken nutzen. Gefrühstückt wird in historischem Ambiente, umgeben von antikem Mobiliar.

Constanze Ulbricht, Leiterin der Baldauf Villa in Marienberg

Schon immer haben sich Menschen mit Mut und Unternehmergeist im Erzgebirge niedergelassen, wohl wissend, dass man dort auf geschickte und fleißige Menschen bauen kann. Der Marienberger Unternehmer und Stadtrat Gerhard Baldauf hatte die Vorzüge der Region und die Zeichen der Zeit erkannt, als er vor mehr als einhundert Jahren die Knopf- und Metallwarenfabrik Gebrüder Baldauf in Marienberg gründete. 1912 erteilte er dem Zwickauer Architekten Gustav Hacault den Auftrag zum Bau seines Wohnhauses, einer repräsentativen Villa mit imposantem Wintergarten, so die Leiterin der Baldauf Villa Constanze Ulbricht. Heute ist das Haus ein Zentrum für Kunst und Kultur und Geselligkeit.

Glücks-Moment: Kunst und Kultur in stilvollem Ambiente

„Die Baldauf Villa steht heute für alle offen, sie ist im wahrsten Sinne des Wortes ein Kulturhaus geworden, bedeutend für Marienberg und die gesamte Region. Umfangreiche Sanierungsarbeiten lassen das Baudenkmal in neuem Glanze erstrahlen. Es verkörpert die Blüte des Bauhandwerkes zu Beginn des 20. Jahrhunderts, die Epoche des Jugendstils und damit verbundene, typische Mode- und Kunstrichtungen, eine Zeitspanne, die alle modernen Gedanken in Europa und gleichzeitig Jahrtausende altes japanisches Kunstempfinden vereinte. In diesem Sinne lädt die schöne Villa dazu ein, Jugendstil hautnah zu erleben, das Ambiente des Hauses und der weitläufigen Parkanlage zu genießen. Besucher können zudem ein riesiges Angebot kultureller Veranstaltungen nutzen, Dialoge über Jugend & Stil verfolgen, sich über altehrwürdiges Kunsthandwerk informieren, diversen Präsentationen und Hausführungen beiwohnen, in Kunst und Kultur, Konzerte und Veranstaltungen eintauchen. Informationen darüber gibt es auf unserer Website. Wir haben neben Tagestouristen auch Radwanderer, die im Erzgebirge unterwegs sind und uns einen Besuch abstatten. Das große Interesse unserer Besucher freut uns natürlich. Viele haben aus der Jugendstilzeit daheim in der Vitrine eigene Stücke, die mitunter sogar noch in Benutzung sind. Andere sammeln diese und freuen sich, wenn sie das eine oder andere Utensil wiedererkennen."

Nicht nur das herrschaftliche Innere, sondern auch das romantische Außengelände der Baldauf Villa mit Park und Pavillon ist eine Augenweide. Unternehmen und Privatpersonen nutzen das schöne Ambiente für Veranstaltungen, Feste und Jubiläen. In Hausführungen können Gäste sich informieren, wie Baumaßnahmen unter denkmalpflegerischen Aspekten stattgefunden haben. Für Tagestouristen ist auch der Wintergarten ein Anziehungspunkt. Seltene Pflanzen wie die Königin der Nacht sind unter anderem zu bestaunen.

www.baldauf-villa.de

Blick ins Innere der Villa sowie in
die schönen Außenanlagen (gegenüber).
Parallel zu den baulichen Arbeiten wurden
in den letzten Jahren Restaurierungsar-
beiten im Eingangsbereich, der Galerie
und dem Obergeschoss durchgeführt.
Stück für Stück können Besucher verfolgen, wie die Jugendstilvilla zu ihrem
alten Glanz zurückfindet. Dekorativ
geschwungene Linien und flächig-florale
Ornamente, klassische Ausdrucksmittel
der Jugendstilepoche, wurden von den
Restauratoren in mühevoller Detailarbeit
vom alten Anstrich befreit.

Kunst, Kultur, Natur, Architektur und Industrie sind Themen, mit denen sich die Malerin Benita Martin auseinandersetzt. Die Ausstellung in der Baldauf Villa zeigt Porträts, florale Motive und Facetten aus Mozarts Leben.

Wasser, Kohle, Acryl, Pinsel, Leinwand und Leidenschaft, das sind die Ingredienzen für Dr. Benita Martin (oben), die ihre Bilder in der Villa Baldauf ausstellt. Für die Ärztin und Künstlerin aus Chemnitz ist es ein Glücksmoment, wenn sie in die Atmosphäre ihres Ateliers eintauchen kann. Sie gestaltet die drei Dimensionen ihrer Malerei mit Aquarell- sowie Deckfarben und Acryl und hat daraus das patentgeschützte Label „ADA Dimensionsmalerei®" entwickelt.

Die Ausstellung, die sich mit einem Augenzwinkern Mozarts Lebensstationen widmet, begeistert mit ihren kräftigen Farben und dem besonderen Duktus der Medizinerin und verzaubert, weil Bilder und Sujets mit der schönen Architektur des Hauses eine besondere Verbindung eingehen. Die Effekte, die mit der Schichten-Malerei einhergehen, sind zudem eine besondere Attraktion für die Gäste, an die vor Ort Brillen ausgeteilt werden, welche die aufgetragenen drei Dimensionen erlebbar machen.

www.benitamartin.de

Glücks-Moment:
Die eigenen Ideen
nach draußen bringen

„Glücklich bin ich dann, wenn Ideen Gestalt annehmen, wenn ich sie selbst oder zusammen mit Gleichgesinnten nach draußen bringen kann. Seit Jahren beschäftigt mich bzw. uns als Künstlergruppe das Projekt des Novalisweges, eines Wanderweges für die Sinne zwischen Klipphausen und Meißen, bestehend aus künstlerisch gestalteten Plätzen, Skulpturen und Objekten.

Künstlerische Skulpturen am Wegesrand sollen den Betrachter einladen, sich achtsam und wertschätzend mit der heimatlichen Landschaft zu verbinden. Eingebunden werden dabei historische Baudenkmäler ebenso wie Pfade entlang der Elbkante, malerische Aussichten und reizvolle Plätze zum Verweilen. Unsere Kulturlandschaft mit ihrer einzigartigen Natur und Geschichte ist reich an besonderen Schätzen, die mit den Mitteln der Kunst nachhaltig ins Bewusstsein gerückt werden können.

Bettina Zimmermann,
Schloss Batzdorf

Die bildende Künstlerin Bettina Zimmermann lebt und arbeitet auf Schloss Batzdorf. Als „Frau der ersten Stunde" sorgte sie mit dafür, dass die denkmalgeschützte Immobilie erhalten blieb und saniert wurde. Heute ist das Schloss als bewohntes und von einem rührigen Verein umsorgtes Baudenkmal sowie für seine Hofkapelle und besonderen Sommerkonzerte bekannt. Bettina Zimmermann als Visionärin entwickelt zudem Konzepte, in denen sie das idyllische Umland auf besondere Weise erlebbar machen möchte. Einen „Wanderweg für die Sinne" will sie zusammen mit Künstlerkollegen entstehen lassen.

Das Projekt ‚Novalisweg' lädt zudem ganz bewusst dazu ein, die Seele baumeln zu lassen. Wir leben in einer von Reizen überfluteten Welt, in der selbst Spaziergänge in schönster Landschaft von Schrittmessern und Kopfhörern begleitet sind. Deshalb gibt es für mich keinen größeren Wunsch als den, etwas gestalten zu können, was uns Menschen auf unserem Lebensweg Ruhe und Zuversicht schenken kann."

Die bildende Künstlerin hält
nicht nur Erinnerungen an schöne
Erlebnisse in der Natur auf ihren
Leinwänden fest, sie will mit
ihren Projektideen auch dafür
sorgen, dass diese im Bewusstsein der Menschen erhalten
bleiben. Landschaft, Malerei
und Skulpturen verbinden sich auf
diese Weise zu einer besonderen
Projektidee (folgende Seiten),
mit der die Initiatorin Wohlwollen
und Unterstützung der Gemeinde
Klipphausen gewann. Für die
Umsetzung ihrer Ambitionen konnte
die kreative Batzdorferin zudem
weitere Künstler gewinnen.

www.atelier-schloss-batzdorf.de

In der Elblandschaft in Nähe der Fähre möchte Bettina Zimmermann mit ihrer Figur „Die Elbe- frau" (oben links) Zum Schutz gegen Hochwasser ein Zeichen setzen. Die Installationen „Apfel- frau" (unten links) und „Steinefrau"(oben rechts) als Hommage an die Naturschätze der Umgebung sind weitere Wegmarkierungen, die im Atelier Batzdorf entwor- fen wurden.

SCHLOSS BATZDORF

Die Schloßfrau (gegenüber
unten) wird die Gäste am
öffentlichen Eingang
empfangen und, vom Schloß
e.V. gefördert, als erstes
ihre Umsetzung erfahren.

Weitere Stelen und Skulp-
turen werden von Künstlern
fürs Projekt vorbereitet.

Fitness-Studio und Hostel der Familie Binder in Döbeln

Dass Häuser sich mit den Jahren immer wieder verändern und weiterentwickeln können, zeigt das Projekt der Familie Binder aus Döbeln. Einst als Bauernhof erbaut und rein landwirtschaftlich betrieben, ist das Grundstück in der Leipziger Straße heute ein schmuckes, helles und modernes Familiendomizil mit Hostel für Sportler und Gäste aus nah und fern. Ein mediterraner Innenhof mit Teichlandschaft, Pool und Terrassen empfängt die Urlauber, die sich beim Eintauchen in die schöne Unterkunft und den begrünten Patio kaum vorstellen können, mitten in der Stadt zu sein. Dort, wo heute Bäume, Büsche und Blumen gedeihen, war vorher alles betoniert, aufwändige Um- und Ausbauarbeiten haben das Ambiente komplett verändert.

Glücks-Moment: Refugien für Familien, Sportler & Gäste bauen

„Wir sind sehr froh, so schön leben, wohnen und arbeiten zu können. Freunde sagen oft, dass wir uns mit diesem Projekt den Urlaub nach Hause geholt haben. Wer hier ankommt, ist meistens überrascht, dass es mitten in der Stadt so grün ist, dass wir in einem großen, geschützten Innenhof sitzen und den Stadtverkehr kaum noch hören. Als wir das Grundstück übernahmen, um unser bestehendes Anwesen zu erweitern, war die komplette Hoffläche betoniert. Eigentlich wollten wir die Fläche ganz pragmatisch als Stellfläche für Gerätschaften und Fahrzeuge nutzen. Dann disponierten wir um und hatten die Idee, für uns und unsere Gäste ein großes, zusammenhängendes Areal zu schaffen, auf dem sich alle gleichermaßen wohlfühlen. Insbesondere durch unser Fitness-Studio haben wir oft Sportgruppen, die übers Wochenende oder für mehrere Tage ein zusammenhängendes Training buchen möchten. Was liegt näher, als für alle entsprechende Schlafplätze zu schaffen. Natürlich kommen auch andere Gäste in den Genuss der preisgünstigen und zwanglosen Unterkunft mit Selbstverpflegung. Eine Gemeinschaftsküche mit großem Frühstücksraum steht für alle zur Verfügung. Von den Zimmern hat man einen Ausblick in den begrünten Innenhof, den die Gäste natürlich auch nutzen können. Besonders geeignet sind die Ferien oder freien Tage bei uns auch für Familien, da größere Personengruppen zusammen anreisen und auch übernachten können."

Modern, hell, licht und vor allem
grün präsentiert sich der Innenhof des Hostels Binder in Döbelns
Innenstadt. Aus mehreren Häusern,
die im Verbund errichtet bzw.
um- und ausgebaut worden sind,
ist ein zusammenhängendes Feriendomizil entstanden, in dem die
Familie selbst auch lebt und arbeitet.

Große, komfortabel möblierte Terrassen ermöglichen fast das ganze
Jahr über einen Aufenthalt im
Freien. Ein Pool und plätschern-
des Wasser bescheren zudem mitten
in der Stadt eine mediterrane
Atmosphäre.

www.fitnessstudio-binder.de/hostel

Blick in den üppig begrünten Innenhof des Hostels, dessen einzelne Bereiche mit Sitzgruppen und über-dachten Terrassen zum Verweilen einladen. In der unteren Etage lebt die Familie selbst, daneben und in der oberen Etage gibt es sechs Ferienzimmer mit zwölf Betten für Feriengäste.

Durch die Teichlandschaft ist zudem ein besonderes Biotop mit einer entsprechenden Fauna und Flora entstanden.

Charakteristisch für den modernen und innovativen Baustil ist nicht zuletzt das Fitness-Studio der Familie, das in einer Industriearchitektur der Stadt Platz gefunden hat.

Wie auch im Hostel ist das Haus durch hölzerne Terrassen, An- und Umbauten und eigene Stahltreppen zugänglich gemacht und geöffnet worden. Sauna und Tauchbecken laden nach dem Training zur Entspannung ein.

Glücks-Moment: Kunstvolles Ambiente für Gäste schaffen

Art-Apartments in Dresden

Schon länger hatte Familie B. nach einem Haus in Dresden gesucht. Einmal fündig geworden, zogen sie um, bauten ihr Domizil nach allen Regeln der Kunst um und aus. Das Ergebnis spricht für sich: Farbenfreude und Originalität lassen nichts zu wünschen übrig. Mit den Jahren ist aus einem tristen und eher schmucklosen Anwesen ein Künstlerhaus geworden. Insbesondere die frische, freche Popartkultur hat es den Gastgebern angetan. Jede Nische, jeder Winkel der Ferienwohnungen wird zur Entdeckungsreise.
Die meisten Sujets haben die beiden selbst kreiert und ausgeführt: Sie ist originell und ideenreich, er hat vielfältige handwerkliche Fähigkeiten. Auf das positive Feedback der Gäste sind sie besonders stolz.

„Wenn sie sagen, dass es bei uns fast schöner sei als zu Hause, dann ist das wohl das größte Kompliment, das wir von den Gästen zu hören bekommen. Wir haben aus den Räumen unseres Hauses für die Gäste Art-Apartments geschaffen, das heißt, sie so gestaltet, dass unser beider Kreativität hineingeflossen ist. Der Vater meines Mannes war Bühnenbildner. Seine Kunstwerke stehen und hängen in unserem Haus und bringen die Nischen und Ecken zum Leuchten.

Mein Mann hat diese kreative Ader wohl geerbt. Es macht ihm große Freude, Haus und Hof immer wieder neu zu gestalten, etwas Interessantes zu ergänzen und originelle Sujets zu erschaffen. Meine eigenen Ideen fließen natürlich auch mit ein. Zusammen erschaffen wir für uns und für die Gäste ständig etwas neues. Es macht viel Freude, dass sich hier bei uns alles weiterentwickeln und wachsen darf. Die besondere Art der Einrichtung und unsere Gastfreundschaft ziehen übers Jahr besondere Leute an. Sie kommen aus aller Welt und bereichern unseren Alltag. Dresden ist unsere Wahlheimat und wir sind sehr froh, hier viele Freunde und Bekannte zu haben. Wir lieben diese Stadt. Sie ist für uns die Kulturhauptstadt schlechthin."

Mit leeren Bierdosen hat der Haus-
herr dem Stützpfeiler in einer der
beiden Gästewohnungen ein völlig
neues Aussehen verliehen.

Leere Bananenkartons, Popartmotive
und helle, leuchtende Wandfarben
ergänzen den originellen, unkonventionellen Einrichtungsstil.

In den eigenen Räumen des Paares
sowie auf der Terrasse mit Blick
auf die Frauenkirche (rechts oben)
gibt es ebenfalls farbenfrohe und
kunstvoll gefliese Wände sowie
frische, originelle Dekorationen.

Haus und Hof des Dresdner Anwesens muten
mediterran an. Eine geschwungene Treppe
mit Metallgeländer zaubert ein bizarres
Schattenmuster auf die Sitzecken.

Große Obstbäume mit reifen Früchten
stehen im Garten. Blumen blühen in den
Beeten, Feigen reifen an einem der
Bäume. Eine der Sitzbänke im Hof ist
auf südländische Art aus Stein gemauert
und gefliest.

Skulpturen, Sammlerstücke und Figuren verleihen den Räumen und dem Außengelände jenes Flair, das Gäste gern wiederkommen lässt.

Sie fühlen sich wohl in dem unkonventionellen Haus und können wenige Autominuten entfernt die Sehenswürdigkeiten der Kulturstadt Dresden erkunden.

„Cicchetto" und „Vinotore" Lunzenau

Für Kathrin Büttner hat ihr Gasthaus Cicchetto (italienisch „kleines Schlückchen") etwas mit ihrer Leidenschaft für Italien zu tun. Mehrfach hatte die Familie ihren Urlaub da verbracht und sich in Land und Leute verliebt. Dann stand die alte Gärtnerei neben dem eigenen Grundstück zum Verkauf und die Idee reifte, selbst ein Stück Italien zu inszenieren. Gesagt, getan. Kay und Kathrin Büttner erwarben das Anwesen, bauten das darauf stehende Wohnhaus zum Gasthaus um und eröffneten ihr „Cicchetto". Für ihre Ambitionen lernte Kathrin Büttner im Ursprungsland die italienische Küche kennen und belegte einen Kochkurs. Als Oliver Bork, einer ihrer drei Söhne, mit seiner Ausbildung begann, trat er in die Fußstapfen seiner Mutter. Er studierte Önologie und Weinbau und eröffnete über dem Gasthaus seine Vinothek „Vinotore".

Glücks-Moment: Ein Stück Italien entstehen lassen

Kathrin Büttner: „Es war immer zauberhaft in Italien und wir haben jede Menge schöne Eindrücke nach Hause mitgebracht. Mitunter kommen mehrere Dinge zusammen, die neue Ziele erkennbar machen. Ich war damals noch Geschäftsführerin einer Firma und wollte gerade den Beruf wechseln und etwas Eigenes machen. Dann gab es die Möglichkeit, sich räumlich zu erweitern. Letztlich hat alles gepasst und sich genau zu dieser Idee zusammengefügt. Ins Cicchetto kommen heute Leute aus ganz Sachsen, viele auch aus den umliegenden Großstädten. Und nicht wenige der Gäste sind gute Bekannte und Freunde geworden, die unsere Küche und Lebensart gleichermaßen gern haben und mit uns teilen."

Oliver Bork (oben links): „Das ‚Vinotore' ist durch den Um- und Ausbau der oberen Etage entstanden. Nach meinem Studium in Weinbau und Önologie und vielen Erfahrungen in Kellereien und Weinbaubetrieben hat mein eigenes Abenteuer begonnen. Ich trage eine große Leidenschaft für Wein und die Arbeit von Winzern und Önologen in mir. Diese Faszination möchte ich gerne an andere weitergeben. Übers Jahr gibt es bei uns jede Menge Verkostungen und Veranstaltungen, die wir mit kulturellen Extras verbinden. Einer unserer Höhepunkte ist unser italienisches Straßenfest. Dann wird eine meterlange Tafel entlang des Cicchetto aufgebaut und gemeinsam gefeiert."

Am Ende der Lunzenauer Parkstraße, mitten im Grünen, steht man plötzlich vor dem Gasthaus „Cicchetto" und der Weinhandlung „Vinotore".

Das idyllisch gelegene und liebevoll eingerichtete Anwesen besticht durch sein authentisches italienisches Flair mit duftendem Lavendel vor dem Haus, einer von Wein berankten Fassade, Keramik-fliesen, einer Vespa im Vorgarten und nicht zuletzt einer Speise-karte mit leckeren italienischen Gerichten.

www.cicchetto.info/www.vinotore-weinbar.de

Italien in Mittelsachsen: Restaurant, Garten und Weinhandlung versprühen italienischen Charme und sind so eingerichtet, dass sich Gäste unweigerlich in südliche Gefilde versetzt fühlen. Wer mag, kann bei schönem Wetter im Freien sitzen, vom Gasthaus aus die umliegende Natur erkunden, rad- und wasserwandern oder abends an einer der Weinverkostungen teilnehmen.

Glücks-Moment: Die Würze des Lebens genießen

Richard Friedrich aus Flöha über „Direkt vom Feld"

„Wir glauben, jeder von uns hat das Recht zu wissen, woher die Produkte stammen, für die wir täglich Geld ausgeben", so Richard Friedrich (oben auf einem Paprikafeld auf Mallorca). Er hat mit seiner Firma „Direkt vom Feld" sein erstes eigenes Unternehmen gegründet, mit dem er seine Ambitionen und Neigungen verbinden kann. Der studierte Maschinenbauer reist gern und ernährt sich auch gesund. Auf die Idee, daraus einen Beruf zu machen, kam er, als er darüber nachdachte, was ihm besonders am Herzen liegt. Mit der Zeit hat sich „Direkt vom Feld" zu einem Geheimtipp für gesundheitsbewusste Gourmets etabliert. Nicht nur frische, wohlschmeckende Gewürze gibt es im sächsischen Flöha sowie im Onlieshop des Unternehmens, auch Kochkurse und Workshops werden rund ums Thema gesunde Ernährung angeboten.

„Mein Lieblingsspruch lautet: Das Leben ist wie eine Speise, welche uns nur ihrer Würze wegen schmeckt (Victor Maire-Hugo). Jeder von uns weiß, dass eine reife, frische Tomate aus dem Garten ganz anders schmeckt als eine gekaufte aus dem Supermarkt. Das besondere Aroma, der fruchtige Geschmack und die Reife durch die Sonne sind einzigartig. Genauso ist es auch beim Pfeffer und anderen Gewürzen. Sie sind, wenn sie entsprechend ihres Charakters angebaut und geerntet werden, ein wahres Feuerwerk für die Sinne. Diese feinen und zugleich kräftigen Geschmacksnuancen findet man jedoch nicht in den Supermarktregalen. So haben wir uns selbst auf die Reise gemacht und dabei einzigartige Gewürzproduzenten auf der ganzen Welt besucht.

Beim Einkauf unserer Produkte achten wir natürlich auch auf biologischen Anbau und erwerben diese direkt bei den Produzenten. Dafür bekommen wir beste Qualität und die gewünschte Frische. Die Erzeuger der Gewürze erhalten von uns im Gegenzug einen fairen Preis, der ihre Arbeit entsprechend wertschätzt. Auf unseren zahlreichen Reisen haben wir ganz besondere Menschen getroffen, mit denen wir heute zusammenarbeiten. Unsere Erfahrungen dazu, wie man eine ganz neue Würze ins Leben bringt, geben wir in Veranstaltungen auch gern weiter."

Richard Friedrich (oben links Foto
von der Safranernte im Iran und oben
rechts in Griechenland im Parnon-
Gebirge mit Oregano-Bauer Ilias)
ist ein Gourmet, was frische,
gesunde Kost anbelangt. Er reist
auch gerne. Seine Touren führen
ihn durch die ganze Welt. Kräuter
und Gewürze bis hin zum französischen Salz (Fleur de Sel, unten)
sowie deren Herstellung faszinieren
den Jungunternehmer und lassen ihn
mit Erzeugnern zusammenarbeiten,
von denen er besonders gute Ingredienzen und Rohstoffe für Gewürze
in die Heimat holen kann.

https://direktvomfeld.eu

Richard Friedrich: „Auf Mallorca haben wir eine besondere Paprika-sorte entdeckt. Durch eine erstklas-sige Verarbeitung schmeckt dieser besonders fruchtig und ist leuchtend rot. Früher wurden die Schoten an den Häusern zum Trocknen aufgehängt. Übrigens: Wer mag, kann uns auch gern auf eine der Paprikareisen begleiten."

Immer wieder, so sagt er, sind Kunden überrascht, wie gut und aroma-tisch Pfeffer schmecken kann: Für das wichtigste Gewürz in der Küche - den Pfeffer - ist er nach Süd-Indien gereist. Neben Kakao- und Kaffeebäu-men werde da auch schwarzer Pfeffer angebaut, der ganz besonders aroma-tisch schmeckt.

Oben und unten rechts: Alle Gewürze werden möglichst im Ganzen importiert, vor Ort von Hand abgefüllt und versendet.

Unten: Ceylon-Zimt besticht durch seine besondere Konsistenz und das sehr feine, intensive Aroma. Die langen Stangen werden in Handarbeit gerollt und verarbeitet. Gebündelt sehen sie äußerst dekorativ aus.

Glücks-Moment: Schmuck aus Porzellan kreieren

Beate Pfefferkorn, Elementaris Dresden

Dass sie auf der Burg Giebichenstein in Halle studieren würde, wusste Beate Pfefferkorn schon vor dem Abschluss ihres Abiturs. Dass ihr Metier die Keramik und speziell das Porzellan werden würde, stand durch die eingeschlagene Studienrichtung fest.

„Nur wenige interessierten sich für dieses Genre", erzählt die Schmuckdesignerin, die heute in Dresden ihr eigenes Atelier hat und besonderen Porzellanschmuck herstellt. Die Diplomarbeit schrieb sie zum Thema „Schmuck – Status – Ritual". Das Beschäftigen mit diesen Inhalten ist in ihren Stücken bis heute erkennbar. Viele der kunstvollen Colliers erinnern an große Kragen, greifen Elemente des traditionellen Schmuckes aus Amerika, Afrika oder Indien auf.

„Glücklich bin ich dann, wenn ich etwas herstellen kann, aus Porzellan in Verbindung mit weiteren Materialien Schmuck entstehen lasse. Mein Glück herrscht vor allem beim Tun und kehrt dann noch einmal wieder, wenn die Kundin ihr neues Schmuckstück abholt, in Empfang nimmt. Die größeren Colliers entstehen dadurch, dass ich eine Vielzahl von Einzelteilen produziere. Die Elemente werden gegossen, gerollt oder gewickelt und bekommen dadurch und durch besondere Farbnuancen ihr individuelles Design. Schon das Herstellen vieler ähnlicher Teile ist ein Ritual. Ich schaue, wie die Elemente einer Kette, eines Colliers, sich gut zusammenfügen lassen und verändere dieses Sujet mitunter immer wieder.

Meine Arbeiten, große Kragen für den Hals- und Oberkörperbereich, greifen die kulturellen und religiösen Aspekte von Schmuck auf. Die Porzellankragen lehnen sich vor allem an rituelle Stücke an. Sie werden auf den Schultern getragen und rahmen so den Kopf des Trägers. Die Aufmerksamkeit des Gegenübers wird auf die Worte und Mimik des Geschmückten gelenkt. Aber auch die Haltung des Schmucktragenden verändert sich. Er ist gezwungen, sich aufzurichten, gerade zu stehen und strahlt so eine besondere Würde aus. Schmuck an sich macht Menschen glücklich, zum einen die Designerin beim Herstellen, zum anderen auch die Trägerin, wenn der Schmuck gut zu ihr passt und sie sich damit identifiziert."

Die Pause im eigenen Atelier in
Dresden-Löbtau (gegenüber) versüßen
von Hand gemachte Schokolade und
eine Tasse Kaffee aus dem nostalgischen italienischen Kaffeeautomaten.
Ihren Porzellanschmuck trägt Beate
Pfefferkorn (unten) auch selbst
gern. Vorgeführt, so erzählt sie,
haben ihn unter anderem auch schon
prominente Models wie die kanadische
Schauspielerin Macha Grenon. Die
Colliers erinnern an kunstvolle
Kragen und zeichnen sich durch eine
Vielzahl leichter, filigraner Ein-
zelstücke aus, die mit kleinen
Metallelementen aneinandergefügt
werden.

http://www.elementarisbypfefferkorn.de

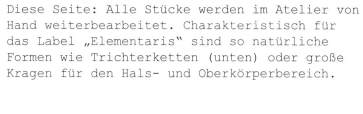

Diese Seite: Alle Stücke werden im Atelier von Hand weiterbearbeitet. Charakteristisch für das Label „Elementaris" sind so natürliche Formen wie Trichterketten (unten) oder große Kragen für den Hals- und Oberkörperbereich.

Blick ins Dresdner Atelier von
Beate Pfefferkorn. Die diplomierte
Künstlerin im Fachgebiet Keramik
(gegenüber an der Töpferscheibe)
erwarb einen Teil ihres Wissens
unter anderem bei ihrem Aufenthalt
in China. Mit ihren Einzelstücken
gewann sie bei künstlerischen
Wettbewerben bereits verschiedene
Preise. Glücklich macht es die
Mutter dreier Kinder auch, wenn sie
Kunst und soziale Aspekte verbinden
kann. Von einem Dresdner Kindergarten wurde bei ihr eine Tast- und
Fühlstrecke in Auftrag gegeben.
Die Form war bald gefunden - eine
Schlange sollte sich über den Weg
winden und nicht nur die Böschung
an Ort und Stelle halten, sondern
zugleich Blickfang sein. Die Kinder
wurden in den Herstellungsprozess
eingebunden.

Susann Schmidt, Rittergut Endschütz

Sie lebt als Frau auf Rittergut Endschütz und sorgt seit nunmehr 15 Jahren dafür, dass Haus und Hof erhalten bleiben und belebt werden. Übers Jahr finden Feriengäste aus aller Welt den Weg ins kleine 350-Seelen-Dorf bei Greiz. Das Besondere am Anwesen: Die Hausherrin hat dem Baudenkmal nicht nur Leben eingehaucht und es mit eigenen Mitteln saniert, sie lässt es durch die eigenen Ideen auch „sprechen". Jeder Raum ist mit eigenem Charme eingerichtet, mit antiken Möbeln und ganz besonderen Sammlerstücken zu einem Refugium für Zeitreisende geworden. Doch nicht nur drinnen, sondern auch draußen kann man feiern, verweilen und nächtigen. Zirkuswagen auf dem Gelände von Endschütz laden zum Abenteuerurlaub ein.

Glücks-Moment: Im Schloss leben und Gäste haben

„Ich liebe alte Häuser und habe das Rittergut gefunden, als es schon lange leer stand. In der Zwischenzeit, seit dem Erwerb und der aufwändigen Sanierung, sind viele Jahre ins Land gegangen. Ich würde sagen, das Haus hat mich gefunden. Ich bin meines Wissens nach die einzige Frau, die sich hier in die Geschichte der Ahnen einreiht.

Ich liebe es, hier zu leben, und bin glücklich, weil ich dem schönen Anwesen das geben kann, was es am Leben hält: liebevolle Zuwendung und Menschen, die hier eintauchen, staunen und sich wohlfühlen. Häuser und Park haben eine besondere Atmosphäre, die man auch spürt, wenn man hier lebt, nur die Bäume rauschen und die Vögel singen hört. Gruppen aus der Umgebung oder Feriengäste, die im Gesinde- bzw. im Herrenhaus nächtigen oder einen der vielen Zirkuswagen mieten, genießen die besondere Atmosphäre. Fotografen und Filmteams sagen sich an und verbringen Tage oder sogar Wochen hier.

Die romantische Kulisse ist zudem wie geschaffen für historische Filme und besondere Fotos. Nicht zuletzt inspirieren die Zirkuswagen, von denen jeder Einzelne ebenfalls eine lange und besondere Geschichte hat. Wichtig ist für mich die Unterstützung des gemeinnützigen Rittergutsvereins, insbesondere bei der Vorbereitung von Handwerkermärkten, die auf Endschütz stattfinden."

Mit Herrenhaus im klassizistischen Stil, Wirtschaftsgebäuden, großer Scheune und einem Park ist das Rittergut Endschütz (gegenüber oben) ein Baudenkmal, das seinesgleichen sucht.

Ihren Erker mit antiken Möbeln (oben links) mag Susann Schmidt besonders.

Nur selten hat die quirlige Eigentümerin jedoch Zeit für Muße zum Genießen, meist kümmert sie sich liebevoll um Haus und Hof, begrüßt Feriengäste im Gesindehaus (oben rechts) oder pflegt Park und Gärten.

www.rittergut-endschuetz.de

Jeden Raum hat die kreative Gutsherrin mit eigenen Ideen bis ins Detail gestaltet, so dass Touristen und Feriengäste das romantische Anwesen genießen und zugleich in den Genuss einer Zeitreise kommen. Die Zirkuswagen (oben) werden von Besuchern gemietet, die das Abenteuer lieben und der Natur gern nahe sein möchten.

Haus und Hof halten für
interessierte Besucher und
Feriengäste eine Vielzahl an
Eindrücken parat. Ein Umstand,
der auch zum entspannten Dableiben
und Feiern einlädt. Wer mag, kann
auf Endschütz auch heiraten oder
andere Feste begehen.

Bis hinauf in den geräumigen
Dachboden ist die Eigentümerin
mit ihren Gestaltungsideen gezogen. Dort hat sie unter anderem
ein großes Himmelbett aufgestellt,
in dem sie mitunter auch gern
selbst schläft. Unterm Kreuzge-
wölbe (Mitte) wird zusammen mit
den Gästen Brot gebacken. Bäder
im Haus (unten rechts) bekommen
durch die besondere Handschrift
der Gastgeberin ihren ganz eigenen
Charakter.

Eulenmeisterei von Silvia Eulitz in Petersberg bei Döbeln

Sie hat BWL studiert und danach eine Weile erfolgreich in Leipzig gearbeitet, als sie merkte, dass eine Karriere in der Stadt nicht das ist, was sie mag. Silvia Eulitz aus Petersberg bei Döbeln ist dann mutig und selbstbewusst ihren eigenen Weg gegangen und hat auf dem Lande ein eigenes Stoffhandelsunternehmen gegründet. Zertifizierte Biostoffe sind das, was die Jungunternehmerin den Hobby- und Maßschneiderinnen der Region und weiteren Interessenten überregional auch online anbietet. Ganz bewusst hat sie sich für Nachhaltigkeit und gute, unbedenkliche Produkte entschieden – im eigenen Leben und bei dem, was sie anderen offerieren möchte.

Glücks-Moment: Den eigenen Stoffladen auf dem Land eröffnen

„Glücklich bin ich, wenn ich morgens aufstehe, die Natur um mich habe und mich auf meine Arbeit im eigenen Geschäft freue. Da ich schon immer gern genäht habe, war der Entschluss für einen eigenen Stoffladen und den Handel mit Nähmaschinen auf dem Lande genau die richtige Entscheidung. Schon als Kind hat es mich fasziniert, auf der Nähmaschine meiner Oma die ersten kleinen Stücke anzufertigen. Dann flammte die Begeisterung wieder neu auf, als ich im Teenageralter war und es cool fand, die passenden Kleidungsstücke selbst nähen zu können. Und als ich nach dem BWL-Studium meine Karriere in der Stadt begann, war mir schon bald klar, dass ich mich nach dem Land zurücksehne. Ich wollte unabhängig sein, etwas Eigenes machen, das viel mit mir selbst und meinen eigenen Werten und Vorstellungen zu tun hat. So entschied ich mich dafür, Biostoffe zu erwerben und diese online anzubieten.

Schon bald uferte mein kleines Unternehmen derart aus, dass meine Familie und ich die Entscheidung trafen, auf unserem Gartenland ein Holzhaus zu bauen. Es ist ein Niedrigenergiehaus geworden und beherbergt heute meine Stoffregale, das nötige Zubehör sowie diverse Nähmaschinen. Es bietet auch Platz für Kurse, die wir hier auf dem Land veranstalten. Kaum zu glauben, wie gut die Resonanz ist. Die jüngsten Schülerinnen sind gerade sieben Jahre jung, die ältesten sind Seniorinnen. Manche nähen schon ein Leben lang und freuen sich über die Möglichkeit, sich mit Gleichgesinnten zu treffen."

Ein Stoffparadies auf dem Lande –
genau da, wo man es wohl am wenig-
sten erwarten würde – öffnet in
einem großen, hellen Niedrigenergiehaus für all jene die Türen,
die gern selbst etwas schneidern
möchten.

Zum Anfassen und Selbermachen
laden Silvia Eulitz und Mitarbeiterin Katja Müller zu den Öffnungszeiten und an Kursabenden ein.

Wer weiter weg wohnt, hat die Möglichkeit, sein favorisiertes Stück
Biostoff online zu bestellen und
es sich bequem nach Hause liefern
zu lassen.

www.eulenmeisterei.de

Silvia Eulitz (links oben) verfügt nicht nur über hochwertige Biostoffe, sie hat zum Ausprobieren und Vor-Ort-Schneidern auch eine Auswahl an Nähmaschinen parat. Mehrfach im Monat treffen sich passionierte Hobbyschneiderinnen und solche, die es werden möchten, unter dem Dach der „Eulenmeisterei", um nach professioneller Anleitung neue Kreationen zuzuschneiden und zu nähen. Besonderer Vorteil: Alles ist möglich, der perfekte Schnitt und das Lieblingsmaterial kommen zusammen. Außerdem, so die Unternehmerin, macht das Kreativsein unglaublich viel Freude.

Fährhaus Meißen der Familie Paulsen

Mit ihrem Fährhaus in der Hafenstraße in Meißen haben die Hotel-Betriebswirtin Christine und der Landschaftsarchitekt Fedder-Christian Paulsen genau das Refugium gefunden, mit dem sich die eigenen Ambitionen verwirklichen lassen. Das Paar hatte die Schokoladenseiten der Porzellan- und Weinstadt bei einem Urlaub kennen und lieben gelernt. Als es darum ging, für die zweite Lebenshälfte neue Ziele zu definieren, beschloss die Familie, nach Sachsen umzuziehen, „weil es da so schön ist". Sie suchten eine Weile – das Haus in der Hafenstraße stand zum Verkauf und die Lage begeisterte die Paulsens. Mit ihren drei Kindern zogen sie im Winter in eine Baustelle ein und eröffneten aber schon ein halbes Jahr später das erste Pensionszimmer.

Glücks-Moment: Das umsetzen, was von Herzen kommt

„An einem so schönen Ort leben, wohnen und arbeiten zu können, das ist ein großes Glück. Zudem können wir für die Gäste und für uns selbst all das umsetzen, was uns am Herzen liegt. Wir schaffen hier intuitiv und mit großer Lust am Gestalten ein Refugium, ein offenes Anwesen, so wie wir es auch selbst gern im Urlaub vorfinden und nutzen würden. Unsere Gäste können sich hier fast so bewegen, als ob sie zu Hause wären.

Das Fährhaus ist etwa 200 Jahre alt und wurde – wie der Name schon sagt – einst für die Familie des Fährmannes erbaut, der unweit des Hofes an der engsten Stelle der Elbe und in direkter Luftlinie zur Albrechtsburg und Altstadt die Fähre betrieb. Noch heute heißt der Meißner Stadtteil ‚Niederfähre'. Das Ensemble eines Dreiseitenhofes wurde über die Jahrhunderte erhalten, später ersatzweise ein neues Seitengebäude anstelle des alten, maroden errichtet. Mittlerweile haben wir Gäste aus aller Welt, darunter viele aus den USA. Aber auch immer mehr Urlauber aus dem Inland kommen, insbesondere aus Sachsen, und erkunden von hier aus die schöne Umgebung. Natürlich wird besonders gern Rad gefahren. Der Elberadweg und die ‚Meißner Acht' sind beliebte Touren. Natürlich locken auch die Kunst- und Kulturschätze der Porzellanstadt zum ausgedehnten Bummel durch die Straßen und Gassen der Altstadt."

Mit seinem lauschigen und mit Kunstwerken bestückten Innenhof, seinem eigenen kleinen Weinberg mit Pavillon, den farbenfrohen romantischen Zimmern und einem ebenso behaglichen Frühstücksraum macht das Designhotel „Fährhaus Meißen" seinem Namen alle Ehre.

Im ganzen Haus hängen Kunstwerke des Eigentümers. Wer einkehrt und nächtigt, hat genügend Zeit, die vielen lauschigen Plätze und kunstvoll ausgestalteten Nischen, Ecken und Aussichtsplätze zu erkunden und zu genießen. Die behaglichen Zimmer lenken den Blick entweder ins Grüne oder auf das Panorama der Meißner Altstadt.

https://designhotel-meissen.de

Vom ersten Moment an wird man von der Romantik des Anwesens gefangengenommen. Nicht nur Skulpturen und Bilder, auch Ideen für Keramiken, Textilien und Wandgestaltungen sind im Atelier des Künstlers Fedder-Christian Paulsen entstanden. Der Frühstücksraum, so verraten die Paulsens, ist eigentlich das zweite Wohnzimmer und das eine oder andere Wandgemälde, so der Landschaftsarchitekt, könne man gegen einen entsprechenden Obolus auch mit nach Hause nehmen.

Romantischer Blick auf die Albrechtsburg vom Pavillon des Fährhauses Meißen (oben).

Ferienapartments (Mitte) und das Atelier von Fedder-Christian Paulsen (unten) verkörpern den Stil der Eigentümer. Sie verzaubern mit ihren frischen Farben.

Von der Terrasse im oberen Stockwerk (gegenüber oben) genießen die Gäste einen Panoramablick auf Haus und Hof. Frühstücksraum und Küche (gegenüber unten) werden mit ausgesuchten Textilien, stilvollen Möbeln und Bildern des Hausherren so behaglich, dass sich Gäste hier schnell wie zu Hause fühlen.

Und nun die nächsten Glücks-Momente:

Füreinander da sein und das Haus erhalten	Villa Constance in Roßwein	Seiten 64 – 67
Zu Gast in „Klein Kanada"	Familie Schröpel in Kirchberg	Seiten 68 – 73
Gäste mit kunstvollen Süßigkeiten verwöhnen	Patissier Dirk Günter vom Kuchen Atelier im Gewandhaus Dresden	Seiten 74 – 77
Den Tag und die Stunde nutzen	Familie Goldhahn auf Schloss Püchau	Seiten 78 – 81
Suchen, Finden, Sammeln, Restaurieren	Tino Gräfe, Trödelparadies Siebenlehn & Blankholz Leipzig	Seiten 82 – 85
Gesundes aus der Natur in die Küche holen	Anke Griesbach, Malerei & Mehlerei in Friedebach	Seiten 86 – 89
Upcyceln, scharf sehen und gut aussehen	Marco Suhr aus Schleiz über „Guckstoff"	Seiten 90 – 93
Das Leuchten in den Augen der Braut sehen	Modeatelier von Ines Günnel in Radeberg	Seiten 94 – 97
Schönes schaffen, das es kein zweites Mal gibt	Julia Felber, Schmuckdesignerin in Dresden	Seiten 98 – 103
Natürlich wohnen, leben & arbeiten	Familie Käppler in Dohma bei Pirna	Seiten 104 – 109
Das Elternhaus sanieren und für Gäste öffnen	Brigitte Kirschner vom Brunnenhof in der Sächsischen Schweiz	Seiten 110 – 113
Fünf Sterne, umgeben von Bergen und Natur	Apartmenthaus Saxonia in Bad Schandau	Seiten 114 – 119

Villa Constance
in Roßwein

Heike und Hans-Dieter Fichtner aus Roßwein haben das Haus, in dem sie wohnen, vor Jahren vom Vorbesitzer erworben. Eine gute Hausgemeinschaft und die Liebe zur Jugendstilarchitektur haben den Ausschlag für das mutige Unterfangen und die Investition gegeben. Zu den ehemaligen Eigentümern, Familie Marek aus Heidelberg, haben die gastfreundlichen Besitzer immer noch Kontakt. Sind diese im Lande, wird im Park vor dem Haus der Tisch gedeckt. Dann sitzt die Hausgemeinschaft zusammen und tauscht sich über heutige und vergangene Erlebnisse aus. Ohne die Verantwortung für eine so schöne Immobilie, so sind sich alle sicher, wäre ein so harmonisches Zusammenleben nicht möglich. Evelyn und Wolfgang Marek, die das Anwesen erwarben und aufwändig sanierten, erinnern sich an die aufregende Zeit nach der Wende: „Wir sind fast nur gependelt, um allen Aufgaben gerecht zu werden", berichten die Kauffrau und der Bauingenieur.

Glücks-Moment:
Füreinander da sein
und das Haus erhalten

„Als wir durch Roßwein fuhren, entdeckten wir die Villa in einer Seitenstraße. Sie war natürlich nicht so strahlend schön und in gutem Zustand wie heute, sondern eher grau und trist. Aber die Schönheit der Architektur war sichtbar. Ein solches Haus in Heidelberg zu erwerben und vor allem in eigener Regie zu sanieren, das wäre für uns nicht möglich gewesen. Die Herausforderung war einmalig und begeisterte uns. Und auch die Hausgemeinschaft, die zusammenhielt und uns freundlich aufnahm, bestätigte mich letztlich in dem Unterfangen, die Villa in ihren einstigen Zustand zurückzuversetzen und neuen, komfortablen Wohnraum zu schaffen. Eine Weile pendelten wir zwischen der alten und der neuen Heimat hin und her, um die Bautätigkeiten zu begleiten und nach dem Rechten zu sehen. Eingezogen sind wir nicht, dazu hingen wir wohl zu sehr an Heidelberg, den Freunden und Bekannten. Mit dem Gedanken gespielt haben wir schon ab und an.

Als wir älter wurden, dachten wir dann über einen Eigentümerwechsel nach. Die vielen Fahrten wurden zu anstrengend. In Heike und Hans-Dieter Fichtner fanden wir jüngere und geeignete Interessenten. Wenn wir heute zu Besuch in Sachsen sind, wissen wir, dass wir alles richtig gemacht haben. Es ist schön, das Haus und die Roßweiner wiederzutreffen und sich über alte und neue Geschichten auszutauschen."

Schon das kunstvolle Entree und
der opulent gestaltete Hausflur der
Villa Constance lässt Besucher ehr-
fürchtig innehalten. Die Jugendstilarchitektur mit ihren abgerunde-
ten Formen wird an der geschwungenen
Form des Eingangs sichtbar und setzt
sich auch am übrigen Gebäude bis ins
kleinste bauliche Detail fort. Hausgemeinschaft und Eigentümer (unten,
obere Reihe von links nach rechts:
Heike Jentzsch-Fichtner, Hans-Dieter
Fichtner und Sohn Michael Jentzsch
sowie die ehemaligen Eigentümer,
Familie Marek, im Park hinter dem
Haus) schätzen dieses behagliche Zuhause und sind glücklich, in einem
so schönen Ambiente leben, wohnen
und arbeiten zu dürfen.

Mit ihrer geschwungenen Dachform und Fassaden-
elementen, den vielen Verzierungen, Stuck, Dachrin-
nen, Bleiverglasungen und Malereien im Inneren sucht
die Villa Constance im ländlichen Raum ihresglei-
chen. Nur in Dresden erbaute man um die vorvorige
Jahrhundertwende eine vergleichbare und ganz ähnli-
che Stadtvilla. Für Heike und Hans-Dieter Fichtner
ist die Verantwortung für ein so schönes Anwesen
Glück und Herausforderung zugleich. Zusammen mit
der Hausgemeinschaft sorgt sich das Paar rund ums
Jahr darum, das opulente Bauwerk und seine romantischen Außenanlagen zu erhalten und zu verschönern.

Glücks-Moment:
Zu Gast in
„Klein Kanada"

Familie Schröpel
in Kirchberg

Malerisch liegt das über einem Tal auf einem Steinbruch erbaute Refugium, das anmutet, als sei die Zeit stehengeblieben. Nur das Rauschen der Bäume und der Gesang der Vögel ist zu hören. Es ist ein romantisches Ferienhaus, das der Urgroßvater der heutigen Vermieterin noch vor dem Ausbruch des Zweiten Weltkrieges für die Familie mitten im Wald erbaute, um der Natur nahe zu sein, zu jagen und zu angeln. Als Liebesbeweis verlieh er dem Haus den Namen seiner Frau: „Villa Frieda". Über die Jahrzehnte ist es in Familienhand geblieben. Die Urenkelin, Susanne Schröpel, hat das idyllisch gelegene Häuschen übernommen und vermietet es von März bis Oktober an Feriengäste. Die Tradition, verbunden mit der schönen Lage und Aussicht, macht die junge Frau glücklich.

„Es macht mich froh und glücklich, hier leben, wohnen und arbeiten zu können. Kirchberg und die Gegend sind meine Heimat. Eltern, Großeltern und Urgroßeltern haben hier schon gelebt. Früher war unser Wohnhaus ein Wirtschaftsgebäude des Steinbruches. In den Fünfzigern wurde dann der Umbau zum Wohnhaus genehmigt.

Meine Mutter wuchs zusammen mit ihrem Bruder noch in dem heutigen Ferienhäuschen mitten im Wald auf, das meine Großeltern damals bezogen, da kein anderer Wohnraum vorhanden war. Fließendes Wasser gab es noch nicht, man musste es aus dem Vorderhaus mit Kannen und Eimern holen. Den Mut meiner Großmutter, hier größtenteils auf sich allein gestellt zu sein, habe ich immer bewundert.

Heute kommen ganz unterschiedliche Leute hierher. Begeistert sind sie jedoch immer von der Naturverbundenheit und Abgeschiedenheit. Die Gäste spüren die besondere Atmosphäre des Hauses und tauchen für Tage, Wochen oder auch Monate darin ein. Auch für mich ist es ein besonderes Erlebnis, hier zu sein, dem Rauschen der Bäume zu lauschen und weit hinaus ins Land zu blicken. Man kommt in dieser lauten, hektischen Welt wieder zu sich und kann auftanken."

Susanne Stoppe lädt ins Ferienhaus mitten im Wald ein. Das
romantische Domizil hat ihr Urgroßvater noch vor Ausbruch des
Zweiten Weltkrieges erbaut, um
für die Familie ein besonderes
Refugium zu schaffen.

Heute betreibt die Urenkelin
das schöne, romantische Anwesen
als Ferienhaus und empfängt von
März bis Oktober Gäste aus
aller Welt, die in „Klein
Kanada" zurück zur Natur finden
und auftanken möchten.

https://www.villa-frieda-kirchberg.de

Die „Villa Frieda" ist ein besonderes Refugium, dessen Charme vor allem in der Naturverbundenheit, der schönen Aussicht und der besonderen Lage auf einem Steinbruch zum Ausdruck kommt. Das romantisch mit Holzschindeln verkleidete Ferienhaus bietet heute für bis zu vier Gäste Platz. Wer mag, kann auf dem Teich paddeln, wandern, radfahren oder einfach nur dableiben und die schöne Aussicht genießen, dem Rauschen der hohen Bäume und dem Gesang der Vögel lauschen.

Schön ist es, lange
Wanderungen in den
naheliegenden Forst,
ins Schwarzwassertal
oder zu den „Quarksteinen" zu unternehmen.

Die idyllische Umgebung
des Landkreises Zwickau
inspiriert die Gastgeberin immer wieder
dazu, neue, jahreszeitliche Impressionen
einzufangen.

Patissier Dirk Günther vom Kuchen Atelier im Gewandhaus Dresden

Für Dirk Günther ist es ein Glücksmoment, die Türen des Kuchen Ateliers zu öffnen. Der Patissier hat sein Handwerk von der Pieke auf gelernt und – bevor er ans Gewandhaus-Hotel kam – Jahre in Berlin verbracht, wo er wertvolle Erfahrungen in seinem Fach sammelte.

Sein Credo: Kuchen und Törtchen zu kreieren, das hat nicht nur etwas mit dem feinen, erlesenen Geschmack zu tun – es handelt sich beim Konditorenhandwerk auch um eine besondere Kunstart.

Glücks-Moment: Gäste mit kunstvollen Süßigkeiten verwöhnen

„Wie ein Maler Pinsel und Farben mit Bedacht wählt und immer wieder neu mischt, bevor er sie auf die Leinwand trägt, so suchen wir unsere Zutaten aus – von frischen Beeren der Region über feinste dunkle Schokolade aus Belgien – alles wird mit großer Sorgfalt ausgewählt. Gramm für Gramm fügen wir das Ganze mit viel Fingerspitzengefühl zusammen, rühren, mixen und probieren, um die bestmögliche Komposition für den einen süßen Glücksmoment unserer Gäste zu kreieren.

Natürlich spielt das Ambiente des im Jahr 2015 sanierten und besonderen historischen Baus in der Dresdner Innenstadt auch eine Rolle. Eine große Glastür öffnet sich hinaus zu einem mit Bäumen bestandenen Freisitz, auf dem sich bei schönem Wetter wunderbar sitzen und schlemmen lässt. Der leichte und luftige und mit zarten Pastelltönen getünchte Innenraum wurde eigens für den Cafébetrieb von einem französischen Unternehmen konzipiert. Gleich nebenan laden Lobby und Restaurant mit Bar ein. Es ist ein schönes Ambiente, zudem ein fast nahtloser Übergang zwischen Café und Hotel, den wir sehr zu schätzen wissen. Kommen doch nicht nur Besucher von draußen, sondern auch die Gäste ins Café, um sich kulinarisch verwöhnen zu lassen."

Das Kuchen Atelier im Gewandhaus Dresden verzaubert mit seiner leichten und luftigen Architektur und mit den von Hand kreierten Torten, die in den Glasvitrinen stehen und auf Genießer warten.

Eine große Glastür führt hinaus auf den Freisitz, der sowohl Gäste aus dem Hotel als auch Dresdner zum Genießen einlädt. Der historische Flecken in der Innenstadt ist unweit von Zwinger und Frauenkirche zu finden und lockt übers Jahr unzählige Besucher an, die hier eine Rast vom Sightseeing machen und sich kulinarisch verwöhnen lassen.

www.gewandhaus-hotel.de

Auch für Florian Leisentritt, Direktor des Gewandhauses Dresden – Autograph Collection, sind das historische und zugleich noble Ambiente Glück und Herausforderung zugleich. Für seinen Job ist der Süddeutsche mit der Familie nach Dresden gezogen. Er lebt sehr gern in der Landeshauptstadt. Besonders stolz ist er auf die Historie des Hauses: „Unser Gebäude ist bereits das vierte Gewandhaus. Errichtet wurde es von 1768 bis 1770 von Johann Friedrich Knöbel. Bis zum Ende des 19. Jahrhunderts entwickelte es sich zum bedeutendsten Gewerbeplatz in Dresden. 1925 wurde der Bau von Stadtbaurat Paul Wolf zur Dresdner Stadtbank umfunktioniert. Die äußere Form wurde beibehalten. Der Handel hatte weiterhin Hausrecht. Für die Metamorphose des Gewandhauses hat das Düsseldorfer Architekturbüro Studio architects ein exklusives Interieurkonzept entwickelt, das heute den Manufakturcharakter des ehemaligen Tuchmacherhauses widerspiegelt. Tatsächlich war es früher ein Lager- und Verkaufshaus der Tuchmacherzunft", erklärt der Hoteldirektor.

Oben ist der überdachte Patio zu sehen. Zu Zeiten des einstigen Gewandhauses fanden auf diesem Platz unter freiem Himmel Handel und Wandel statt.

Unten: Das schmuck sanierte Gewandhaus im Frühling. Es befindet sich in bester Lauflage. Unweit sind Dresdens berühmte Sehenswürdigkeiten zu bestaunen.

Oben links und rechts: Blick in
die behagliche Lobby des Hotels
und in den überdachten Innenhof,
der heute verglast ist und das
ganze Jahr genutzt werden kann.

Mitte und unten: Süße Kreationen
des Kuchen Ateliers mit frischen
Zutaten aus der Region laden zum
Genießen ein.

Glücks-Moment: Den Tag und die Stunde nutzen

Familie Goldhahn auf Schloss Püchau

Schon als Benita und Lothar Goldhahn vor 38 Jahren heirateten, waren sie vom Denkmalvirus infiziert. Jede Hochzeitstagreise planten sie fortan zu einem der vielen europäischen Schlösser. Dabei ging das Paar auch mit dem Gedanken schwanger, selbst einmal ein geschichtsträchtiges Bauwerk zu besitzen. Im heißen Sommer des Jahres 1996 entdeckten sie die mehr als 1000 Jahre alte Schloss- und Burganlage Püchau vor den Toren der Stadt Leipzig. „Wir hatten sofort Lust, dieses marode Architekturdenkmal wieder wachzuküssen", erinnert sich die heutige Schlossherrin. An einem Ort, wo die Zeitschichten übereinandergelagert scheinen, lebt und wirkt das Paar seitdem mit Engagement und Begeisterung.

„Wir sind glücklich bei dem, was wir tun, und lassen alle Zeit und Energie in die alten Gemäuer als stumme Zeitzeugen der Geschichte fließen, den vorherigen Bau- und Schlossherren tiefempfundenen Respekt zollend. Langweilig wird uns das nie, so groß die Aufgaben auch bisweilen scheinen. Vielmehr erholen wir uns bei der unglaublichen Fülle und Abwechslung der anfallenden Tätigkeiten.

Fragen des Handwerks, der Statik, der Planung, der Ökonomie, der Mathematik, der Philosophie, der Poesie, der Garten- und Pflanzenkunde, der Mythologie, der Kalligraphie, der Lebenskunst schlechthin, müssen bei der Sanierung eines Schlossdenkmals beantwortet werden. Das Buch der Natur ist mit mathematischen Symbolen geschrieben. Es bedarf des offenen Geistes, um in Demut zu schöpfen, sinnlich zu gestalten und die Schönheit des Alltags mit dem Netz des Bewusstseins einzufangen.

Noch keinen Tag empfanden wir das massive Bauwerk als Last, vielmehr als Möglichkeit, eigene Talente zu entdecken. Geschichte und Natur sind mir gleichermaßen zur schöpferischen Erfahrung geworden. „Panta rhei", sinniert die Mathematikerin, während sie am selbstgezüchteten Baum- und Strauchwerk beinahe kontemplativ schneidet, flechtet und dieses in einer Art und Weise ineinander windet, dass daraus wahre Kunstwerke entstehen (Foto folgende Seiten).

Seit Jahrzehnten widmet sich das Unternehmerpaar Lothar und Benita Goldhahn (gegenüber beim Aufenthalt in England) mit viel Liebe und Engagement der Sanierung und Belebung schöner alter Immobilien: Schloss Püchau im Leipziger Land (oben links), welches die Goldhahns ihr Eigen nennen, sowie die Leipziger Villa der Familie Goldhahn (oben rechts), die unmittelbar neben dem Gohliser Schlösschen steht. Unten ist ein Ausschnitt aus dem „Lebendigen Tafelkunstwerk" zu sehen, welches Benita E. Goldhahn ins Leben gerufen hat, um sich mit Gleichgesinnten über Dichter und Denker vergangener Jahrhunderte auszutauschen.

www.schloss-puechau.de

Die umtriebige und vielbeschäftigte Kauffrau erholt sich beim Dekorieren und Gestalten ihrer beiden herrschaftlichen Anwesen (links ein Sujet aus ihrer Leipziger Villa am Poetenweg). „Natur und Geschichte sind mir zur schöpferischen Erfahrung geworden", reflektiert die Denkerin beim Spaziergang durch den Park. Wann immer möglich, läuft die Naturliebhaberin gern barfuß (unten Mitte im Sissinghurst Castle Garden in Südengland). Benita Goldhahn mit Sohn Alfred bei einem der legendären Schlossfeste (links unten).

Die Immobilienmaklerin verhandelt gern zielori-
entiert. Die Feingeistin beim Deklamationsspa-
ziergang im Marmorsaal. Alljährlich am 3. Advent
lädt die Belesene zur stimmungsvollen Weih-
nachtsfeier auf ihr Schloss (oben links, rechts
sowie Mitte). Ott ist die Vizepräsidentin des
Clubs International Leipzig in anderen Schlössern unterwegs. „Das ist mein Lieblingsplatz in
Europa: Castel del Buonconsiglio in Trient",
schwärmt sie. Gern lädt die Püchauer Schlossherrin ihre Gäste zum Fünfuhrtee in den Marmorsaal
(unten links und rechts).

Glücksmoment: Suchen, Finden, Sammeln, Restaurieren

Tino Gräfe, Trödelparadies Siebenlehn & Blankholz Leipzig

Schon seit jungen Jahren hat Tino Gräfe ein Faible für Antiquitäten. Jahre verbrachte er mit seiner Frau in Nürnberg, wo er sich eine neue Existenz aufbaute, seinem Hobby frönte und auch Kontakt mit einer Firma bekam, die alte Möbel aufbereitete und ablaugte. Er übernahm zunächst deren Transporte und stieg später selbst als Teilhaber ins Unternehmen ein. Nach Öffnung der innerdeutschen Grenze gründete das Unternehmen eine weitere Filiale in Leipzig. Heute übernimmt der Seeligstädter als Firmenbetreiber vor Ort selbst das Ablaugen und die Holzwurmbehandlung antiker Möbelstücke. Sein Credo: Sammeln, Suchen und Finden, das ist und bleibt eine unstillbare Leidenschaft.

„Ich liebe Möbel und alle Stücke, die Gebrauchsspuren haben und eine Geschichte erzählen. Sie aufzubereiten und zu bewahren, das ist für mich in den vielen Jahren, in denen ich in dieser Branche tätig bin, zur Herzensangelegenheit geworden. Ich selbst lebe und wohne mit meiner Familie in einem Haus, dessen Einrichtung überwiegend aus antiken Stücken besteht.

Schöne, alte Möbelstücke bekommen ihr eigentliches Aussehen dann wieder, wenn sie in ihren Urzustand zurückversetzt werden. Mit dem Ablaugen werden sie von störenden Farbschichten befreit. Entstandene Schadstellen werden so wieder sichtbar und können restauriert werden. Mit einer angemessenen und sanften Oberflächenbehandlung oder auch einer neuen Farbgebung können die gesammelten alten Schätze dann zu neuen Lieblingsstücken avancieren. Auf diese Art können Omas alte Truhe oder Opas Kleiderschrank auch in jungen Haushalten einen ganz neuen Platz bekommen.

In einer Zeit, in der viel gekauft und schnell entsorgt wird, haben Antiquitäten und die besonderen Geschichten, die mit ihnen verbunden sind, einen ganz neuen Stellenwert bekommen. Das betrifft auch historische Baustoffe. Nicht nur Möbel, auch alte Türen und Fenster können nach dem Ablaugen oder einer Holzwurmbehandlung restauriert werden und wieder neu zum Einsatz kommen."

Silke Gräfe hat am Augustusberg in Nossen ihr eigenes Trödelparadies eröffnet – wer Möbel ablaugt und aufbereitet, sammelt natürlich auch selbst antike Stücke.

Neben schönen, alten Möbelstücken sowie Türen und Fenstern, die bereits von ihren Farbschichten befreit wurden, sind hier auch ein Sammelsurium an Kuriosem und Antiquitäten zu finden.

www.blankholz-leipzig.de

Gegenüber und diese Seite: Eine
gedeckte Kaffeetafel empfängt die
Gäste des Trödelparadieses.

Liebevoll eingerichtete Nischen
und Winkel laden die Gäste zur
Zeitreise in die vergangenen
Jahrhunderte ein.

Anke Griesbach, Malerei & Mehlerei in Friedebach

Dass sie mit Leidenschaft malt und ebenso gern bäckt, hat viel mit ihren ureigenen Werten und Sehnsüchten zu tun: Anke Griesbach aus Friedebach bei Sayda liebt ihre Heimat, die sie umgebende Natur und gutes, gesundes Essen. Insbesondere mag die Familie frisches, knuspriges Brot. Ehemann Jens baute deshalb einen Backofen und schenkte seiner Frau zusammen mit Familie und Freunden einen Backkurs auf der Alm.

Dort wurde die einmal geweckte Leidenschaft für frisches Backwerk zur Passion. Immer neue Rezepturen probierte Anke Griesbach aus. Fortan buk die kreative Friedebacherin nicht nur selbst, sie bot auch Kurse an, in denen sie ihr erworbenes Wissen an andere weitergeben konnte.

Glücks-Moment: Gesundes aus der Natur in die Küche holen

„Glücklich bin ich dann, wenn ich etwas Kreatives schaffe und das mit anderen teilen darf. Das kann sowohl in meinem eigenen Atelier sein, wenn ich ein neues Motiv in Angriff nehme, als auch in der Küche oder am Backofen. Das Erzgebirge ist so reich an natürlichen Schätzen. Was das uns umgebende Land hergibt, ist gut verwertbar: Ich finde es wunderbar, wenn Wiesen und Gärten einfach so sein dürfen, wie sie sind, mit bunten Wildblumen, Gräsern und Kräutern. Aber nicht nur das – viele Wildkräuter aus der Natur sind gesund, schmecken gut und bereichern den Speiseplan. Brennnesseln haben es mir dabei besonders angetan. Die Samen reifer Pflanzen schmecken als Salatbeigabe oder als Gewürz. Sie sind aber auch eine leckere Beilage zu frischem Brot.

Aus einer stillgelegten Bäckerei haben wir uns einen Backofen geholt. Mit dem kann ich jetzt eine größere Menge Brot, Brötchen oder auch Pizza backen. Wie man gutes, gesundes und knuspriges Brot zubereitet, zeige ich nicht nur zu Hause, ich bin mit meinen Ideen auch viel und oft unterwegs. Mein Plan: in Friedebach eine eigene Backstube einzurichten, mit meinen Events Menschen zu begeistern, die ihren Weg hierher zu uns finden. Wir wohnen direkt am Saydaer Malerweg, einzelne Stationen sind mit Motiven aus der Heimat markiert, welche Künstler auf Staffeleien ausstellen."

Frisches Brot aus der Backstube
von Anke Griesbach kühlt auf dem
Holztisch aus. Die Friedebacherin
zeigt, welche natürlichen Kost-
barkeiten auf den Wiesen rings
ums Haus wachsen.

Insbesondere die Brennnessel hat
es ihr angetan. Die Samen der
reifen Pflanzen sind vielseitig
verwertbar, erklärt sie.

Sie schmecken als Salatbeigabe,
als Gewürz aufs Brot, aber auch
als Backzutat in Pizza, frischem
Brot und Brötchen.

https://www.anke-griesbach.de

87

Während wir uns unterhalten, formt die Bäckerin bereits neue frische Brote und heizt den Backofen vor. Zum Mittag gibt es knusprige Pizza. Danach wird das Brot in den Ofen geschoben. Beim Spaziergang durch den Garten (gegenüber) zeigt sie, welche Kräuter in Küche und Backstube gut verwertbar sind.

Das Erzgebirge steht nicht nur für seine herzlichen und gastfreundlichen Leute. Auch Landschaft und Natur sind einzigartig. Viele der Impressionen bei langen, ausgedehnten Spaziergängen haben Anke Griesbach zu romantischen Motiven inspiriert. Zusammen mit weiteren Malern präsentiert sie ihre Werke entlang des Saydaer Malerweges.

Glücks-Moment: Upcyceln, scharf sehen und gut aussehen

Marco Suhr aus Schleiz über „Guckstoff"

Brillen hat der Optikermeister aus Schleiz schon immer gern gebaut. Als er sein Meisterstudium in Jena absolvierte, lernte er seine Frau kennen, die gern und gut schneidert. So kam er neu mit Stoffen und Textilien in Berührung und ließ sich von deren Vielfältigkeit inspirieren.

Brillen mit Stoff zu beziehen und ihnen so einen neuen Charakter zu verleihen, das war die Ursprungsidee. Weitere folgten.

Heute ist die Kunststoffbrille mit integriertem Stoff der große Renner unter den Brillenträgern, weil diese ihr eigenes Dekor auswählen und sogar liebgewordene Kleidungsstücke ganz neu verwerten können.

„Wer kennt das nicht: Entweder die Brille hat die richtige Form oder sie verfügt über genau das passende Dekor. Beides zusammen ist eher selten zu finden. Als wir mit den ‚Guckstoffen' zu experimentieren begannen, entdeckten wir, wie vielfältig die Möglichkeiten sind, einer Brille ein völlig neues Aussehen zu verleihen.

Es hat längere Zeit gedauert, bis die heutige Guckstoff-Brille ihre gewünschte Beschaffenheit bekommen hat. Viele Stunden akribischen Tüftelns in Werkstatt und Atelier waren letztlich nötig, um unseren Brillen nicht nur ein schönes Aussehen, sondern auch die gewünschte Form, Stabilität und Oberflächenbeschaffenheit zu geben.

Es liegt natürlich auch an der Art der Textilien und Stoffe, ob sie sich für unser Unterfangen gut verarbeiten lassen. Der Rest ist dann unser eigenes Knowhow. Glücklich sind wir nicht zuletzt, dass unser entwickeltes Verfahren eine besondere Form des Upcycling ist, denn vorhandene und bereits getragene Lieblingsstoffe aus dem eigenen Fundus oder auch von Mutter und Großmutter kommen auf diese Art ganz neu zur Geltung. Wir brauchen nur ein kleines Stück Stoff, das 8,0 x 3,2 Zentimeter groß ist, um eine Guckstoff-Brille herzustellen. Unser Tipp: Wer mag, kann sich die Brille passend zum Hemd oder Schlips, zur Bluse, Jacke, oder Fliege anfertigen lassen."

Spannend und innovativ geht es in der Brillenmanufaktur des Optikermeisters Marco Suhr in Schleiz zu. Der Erfinder hat ein Verfahren entwickelt, mit dem er Textilien in Kunststoff so einbetten und weiterverarbeiten kann, dass praktisch fast jede Brillenform mit dem gewünschten Stoffdekor kombiniert werden kann.

Das Ergebnis fasziniert: Brillen mit ganz ausgefallenen Stilen, Farben und Mustern entstehen. Jeder, der mag, kann sich so seine ganz eigene Brillenkreation anfertigen lassen.

www.guckstoff.com

Oben, Mitte und unten rechts: Die Fertigung der „Guckstoff-Brillen" erfordert ein hohes Maß an sorgfältiger Handarbeit. Wenn die Brillenplatte fertig ist, wird der Rohling ausgefräst und dann Stück für Stück weiterverarbeitet.

Unten links: Eine Auswahl an Stoffen steht für Kunden bereit, die keinen eigenen Stoff mitbringen. Wer mag, kann jedoch aus dem Lieblingsfundus von zu Hause das passende Stoffstück mitbringen und weiterverarbeiten lassen. Wichtig: Die Textilien sollten nicht zu fest oder zu stark sein. Gut geeignet, so der Optikermeister, sind dünne Baumwoll- oder auch Jerseystoffe.

Oben: Eine aus einem
Stoff mit Notendekor
gefertigte Brille wäre
für den ultimativen
Musikliebhaber genau das
Richtige.

Unten links sind Guck-
stoff-Brillen zu sehen,
die bereits für Kunden
angefertigt wurden.

Unten rechts: Die
sportliche Variante einer
Guckstoff-Brille, die
perfekt zum Rucksack
passt.

Modeatelier von
Ines Günnel
in Radeberg

Sie hat den Beruf einer Damenmaßschneiderin erlernt und noch in DDR-
Zeiten ein eigenes Modeatelier
übernommen. Ines Günnel aus Radeberg ist heute Obermeisterin, bildet
jedes Jahr Lehrlinge aus und begleitet
die Handwerkskammer in einschlägi-
gen Fachfragen. Wer ihr Atelier am
Markt 14 betritt, wird nicht nur aus-
führlich und individuell beraten, er
bekommt auch ein ganz besonderes
Unikat auf den Leib geschneidert.
Eines, das so gut sitzt, dass man sich
um das eigene Outfit keine Gedanken mehr machen muss, weil man
sich einfach wohlfühlt. „Ein gut ge-
schnittenes Kleid steht jeder Frau.
Punktum." Diesen Satz von Coco
Chanel hat die kreative Schneiderin
zum eigenen Credo auserwählt. Die
Dresdner Oper, Künstler, Prominente,
Brautpaare und „Kunden, die sich gut
anziehen möchten" gehören zum
Klientel der kreativen Fachfrau.

Glücks-Moment:
Das Leuchten in den
Augen der Braut sehen

„Es macht mich glücklich, wenn ich in das
Gesicht der Kundin schaue, die gerade ihr
neues Kleidungsstück anprobiert, dabei in
den Spiegel blickt und sich freut. Erst
danach schaue ich mir an, ob und wie
gut das Kleidungsstück sitzt. Ein erster
Blick, ein Gesichtsausdruck sagt mehr als
Worte. Wir sind nicht nur Handwerker, wir
bekommen mit jedem neuen Auftrag auch ein
Stück Lebensgeschichte erzählt. Somit ist
ein Schneider auch eine Vertrauensperson.
Ein gutes Kleidungsstück kann das Leben
zwar nicht grundsätzlich verändern, aber
der Trägerin/dem Träger eine Portion
Selbstbewusstsein mit auf den Weg geben.
Wir fertigen unsere Schnitte selber, ein
Kleidungsstück aus unserem Atelier gibt
es in der Regel kein zweites Mal. Ein
maßgeschneidertes Kleidungsstück sollte
signalisieren: Du siehst gut aus, geh
raus, genieße den Tag und kümmere dich
um den Anlass und um die Gäste. Ums eigene Outfit sollte man sich in einem
guten Kleid keine Sorgen machen müssen.

Den Beruf der Damenmaßschneiderin habe
ich erlernt, weil ich mich immer schon
für Mode begeisterte. Das eigene Atelier
in Radeberg ist dann quasi durch einen
Zufall zu mir gekommen, als eine Schneiderin plötzlich ihr Atelier aufgab und
in den anderen Teil Deutschlands zog. Man
fragte mich, ob ich das Atelier überneh-
men möchte, ich sagte spontan zu und ließ
mich zur Schneidermeisterin ausbilden.
Heute gehören drei Schneiderinnen und
zwei Lehrlinge zu meinem Team."

Ein Traum aus elastischer Spitze und
Pailletten im Vintagestil verleiht der
zierlichen Kundin, die zu ihrer Schneiderin eigens aus dem Erzgebirge ange-
reist ist, einen ganz besonderen Zauber.
Viele Bräute suchen den Weg zu Ines Günnel in Radeberg (oben).

Ein perfekt sitzendes Kleid, so weiß
sie, gibt es in aller Regel nicht von
der Stange. Jeder Körper ist anders,
deshalb wird jeweils sorgfältig Maß
genommen, bei einem Gespräch mit der
Kundin geklärt, welche Wünsche
sie hat und daraus der ultimative und
höchst individuelle Schnitt gefertigt.

www.modeatelier-ines-guennel.de

Seine Hochzeit hat das Paar auf Burg
Kriebstein gefeiert. Das historische
Ambiente der „schönsten Ritterburg
Sachsens" lockt übers Jahr unzählige
Touristen und Gäste ins Zschopautal,
die in den Räumen der Burg Feste feiern
und Jubiläen begehen.

Glücks-Moment: Schönes schaffen, das es kein zweites Mal gibt

Julia Felber, Schmuckdesignerin in Dresden

Glücklich ist die Schmuckdesignerin Julia Felber, wenn sie in ihrem Atelier in Dresden neue Schmuckstücke erschaffen kann, die es so kein zweites Mal gibt. Inspirieren lässt sich die weitgereiste Kunsthandwerkerin gern von der Natur, besonderen Sujets aus dem Mikrokosmos sowie von ihren langjährigen Erfahrungen, die sie in London sammeln konnte. Die Sängerin Kylie Minogue sowie Models der Modeschöpfer Jean Paul Gaultier und Louis Vuitton haben Schmuck getragen, der unter ihren kunstfertigen Händen entstanden ist.

„Was mich froh macht: der Kontakt zu vielen unterschiedlichen Leuten. Ich will vor allem etwas über den Träger wissen, der sein Schmuckstück bestellt. Es ist wundervoll, wenn Formen, Farben und Strukturen aus der Natur zu mir sprechen. Zusammen mit weiteren Impressionen werden sie nach und nach zu Ideen, die ich umsetzen und zum Leben erwecken kann. Ich arbeite besonders gern mit Werkzeugen, die schon andere nutzten und die ich aus dem Bestand einer Gold- und Silberschmiede erworben habe.

Ein Lieblingsplatz in meinem Atelier ist der am geöffneten Dachfenster mit Blick auf die umliegenden Gärten. Hier schöpfe ich Kraft und Inspiration für neue Kreationen.

Wie ich lebe: zusammen mit Mann und Kindern im eigenen Haus mit Gartengrundstück mitten in Dresden. Wir sind sehr gern zurückgekommen und leben jetzt im Haus der Urgroßeltern meines Mannes. In London haben wir in ganz unterschiedlichen Quartieren gewohnt und dabei viel über Land und Leute gelernt. Hier ist es aber familienfreundlicher, wir sind angekommen.

Mein Tipp: Sich Termine und Höhepunkte schaffen, damit man Neues anfertigen und in Szene setzen kann. Gäbe es die berühmte letzte Minute nicht, so würde vielleicht niemals etwas fertig."

Das Atelier der Schmuckdesignerin Julia Felber liegt romantisch unter dem Dach. Einige ihrer Werkzeuge sind klassisch und antik und haben schon eine altehrwürdige Tradition. Das gefällt der Dresdnerin besonders.

Leicht, filigran und elegant kommen die Ringe, Ketten und Armbänder von Julia Felber daher.

Kein Wunder, denn die naturverbundene Frau lässt sich mit Vorliebe vom Mikrokosmos, der Natur sowie von der damit verbundenen Bionik inspirieren.

www.facebook.com/House-of-Julia

Julia mag es, wenn Schmuck mit Konventionen spielt, wenn Stücke nicht nur trag-, sondern auch wandelbar sind. Besonders gern arbeitet sie mit Silber. Viele der Inspirationen bekommt sie aus der Natur. In einem eigenen Sketchbook (Mitte) hält sie neue Ideen fest. Komplettiert mit Natursteinen und Süßwasserperlen werden ihre Schmuckstücke zu ganz besonderen Unikaten.

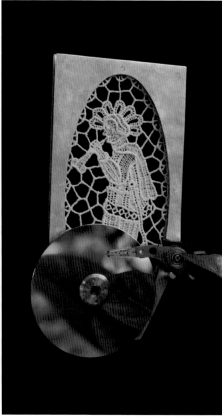

Die flippige Desigerin Julia in ihrer London-Zeit. Gegenüber oben: Millenium Bridge mit Blick aus der Tate Modern auf St. Pauls, darunter links ihr Arbeitsplatz mit Ausblick auf das Albert Memorial sowie unten Mitte und rechts zwei selbst gefertigte Medaillen aus ihrer Abschlusskollektion von der Londoner Uni, eine Secret Garden Party, ein Foto aus der Arbeit eines Kommilitonen, die Royal Albert Hall (Mitte) sowie das chinesische „New Year" in London.

Familie Käppler in Dohma bei Pirna

Es ist ein Möbelhaus der besonderen Art, das sie eingerichtet haben: Wasser plätschert leise, wenn sich die Türen öffnen. Entspannungsmusik füllt den schönen, großen und nur mit Tageslicht erhellten Raum bis in den hintersten Winkel. Eine Wohnlandschaft geht in die nächste über. Kunstwerke dänischer Maler und ausgefallene Lampenmodelle bringen die behaglichen Nischen und Ecken zum Strahlen. Nur vage nimmt man wahr, dass hier und dort Mitarbeiter an Schreibtischen sitzen und arbeiten. Die Käpplers sind glücklich, dass sie selbst ein solch schönes Lebens- und Arbeitskonzept haben und ebenso, weil sie damit auch andere inspirieren.

Glücks-Moment: Natürlich wohnen, leben & arbeiten

„Gegründet haben wir unser Unternehmen vor zwanzig Jahren, weil wir damals selbst geeignete Wohnkonzepte für uns suchten und nichts Passendes auf dem Markt gefunden haben. Das Programm hat sich dann erweitert und unsere Ansprüche an hochwertige Möbel und Inneneinrichtung sind mit den Jahren immer mehr gewachsen.

Heute haben wir vorzugsweise natürlich verarbeitete Holzmöbel im Programm sowie das dazu passende Interieur. Wir achten darauf, dass alle Materialien fair, umweltfreundlich und der Gesundheit zuträglich verarbeitet werden, dass sie sich angenehm anfühlen, gut riechen und alle Sinne angeregt werden.

Es ist vor allem unsere familiäre Atmosphäre, die uns glücklich macht und die auch unseren Kunden jenes Lebensgefühl vermittelt, das sie gern und oft hier eintauchen lässt. Manche kommen auch einfach nur, um das Ambiente zu genießen, sich inspirieren zu lassen und sich zu entspannen.

Zu Hause oder im Heimbüro verbringt man letztlich die längste Zeit des Lebens. Entsprechend wichtig ist es, sich bewusst mit solchen Dingen zu umgeben, die garantieren, dass man sich rundherum wohlfühlt."

Das Möbelhaus Käppler in Dohma
lädt dazu ein, mit allen Sinnen zu
genießen, sich stilvoll einzurichten und gesund zu wohnen. Im Angebot sind vor allem Vollholzmöbel,
die weiche, angenehme Oberflächen
und interessante Strukturen haben.

Ergänzt wird das breite Programm durch passendes Interieur,
Lampen, stilvolle Dekoration sowie
abstrakte Malereien und Grafiken
einer dänischen Künstlergemein-
schaft.

www.kaeppler.de

Gegenüber: Helle, maritime Farben und hochwertige Materialien greifen das Flair schwedischer Landhäuser auf. Abstrakte Malerei ergänzt das geschmackvolle Ensemble.

Diese Seite: Sanft behandelte Holzoberflächen und warme Farben kontrastieren mit den frechen, frischen Tönen von Polstermöbeln und Lampen gleich nebenan.

Ein altes Fahrrad zaubert ein authentisches und nostalgisches Flair in eine der Nischen.

Mit viel Grün, organischen Materialien
und Strukturen hält die Natur auch im
Inneren der Räume Einzug. Die Farbtöne
von Wänden, Pflanzen und Polsterstof-
fen gehen mit den schönen Hölzern der
Möbel eine wohltuende, harmonische
Verbindung ein.

Entspannung pur bringt
eine Teichlandschaft
mit Brücke ins Möbel-
haus. Eine Fülle von
Pflanzen lässt die
Grenzen von drinnen
und draußen sanft
verschwimmen.

Mit der Farbe Rot setzen die Gestalter
kräftige Akzente. Das leuchtende Rot
kehrt sowohl an den Wänden als auch in
verschiedenen Kunstwerken wieder, welche
die Einrichter eigens für ihr Konzept
erworben haben.

Mit Metalleffekten verziert, schimmern
Grafiken und Dekorationen geheimnisvoll
und bringen verschiedene Ecken des Möbel-
hauses zum Leuchten.

Glücks-Moment: Das Elternhaus sanieren und für Gäste öffnen

Brigitte Kirschner vom Brunnenhof in der Sächsischen Schweiz

Brigitte Kirschner ist in Papstdorf in der Sächsischen Schweiz geboren und da zur Schule gegangen. In Berlin hat sie Ethnologie und Kunstgeschichte studiert, dann in Niedersachsen und später wiederum in Berlin gelebt. Die Kunsthistorikerin hat viele Länder bereist. Nach dem Tod ihrer Mutter hat sie sich zur Aufgabe gemacht, das Haus der Eltern als Erbe zu erhalten und einer möglichst vielfältigen Nutzung zuzuführen. Es ist ihr gelungen, an diesem Ort mit viel Zeit und Engagement ein unverwechselbares Refugium zu schaffen, das Gästen als Ausgangspunkt für die Erkundung der Sächsischen Schweiz dient. Die Sanierung ihres Elternhauses, so berichtet sie, gab letztlich auch den Anstoß, sich um weitere Häuser der Region zu kümmern und diese vor dem Verfall zu retten.

„Papstdorf wurde immer schon von Urlaubern gerne als Ausgangspunkt für Wanderungen auf die eindrucksvollen Berge genutzt, die sich rund um den Ort erstrecken. Ich habe hier zusammen mit meinen Eltern und Geschwistern meine Kindheit verbracht und kann mich gut daran erinnern, wie es sich angefühlt hat, die Jahreszeiten zu erleben und der Natur nahe zu sein. Schon meine Großeltern hatten häufig Feriengäste zu Besuch, die sich von der Einzigartigkeit dieser Landschaft, aber auch den kulturellen Eigenheiten angezogen fühlten. Es wurde mir dann zur Herzensangelegenheit, auf die profane Schönheit der Alltagskultur und die Baugeschichte meiner Heimat hinzuweisen. Dazu schien mir das Bauernhaus meiner Eltern, der Brunnenhof, ein idealer Ort zu sein. Das Haus wurde 1870 als Familienwohnsitz erbaut und 2003 von mir zu Ferienwohnungen umgestaltet. Bei der Sanierung habe ich natürliche Baustoffe wie Holz und Sandstein erhalten."

Der schmuck sanierte Brunnenhof im idyllischen Papstdorf vereint auf eine besondere Art Luxus und Natur, antikes Interieur und künstlerische Ambitionen.

Wer hier nächtigt, kann wandern, Rad fahren, die Natur genießen, Schlösser und Burgen erkunden oder auch Ausflüge ins nahe gelegene Dresden unternehmen.

Im Fünf-Sterne-Haus stehen den Gästen drei behagliche Apartments, ein großer Garten mit Brunnen, verschiedenen Sitzecken und eine Sauna zur Verfügung.

www.apartmenthaus-brunnenhof.de

Obwohl Haus und Hof saniert sind, verbreiten sie nach wie vor die besondere Atmosphäre der Vergangenheit. Natürliche Materialien wie Holz und Sandstein verleihen dem Anwesen jenen Charakter, der es so unverwechselbar macht.

Wer den Brunnenhof betritt, fühlt sich so behaglich wie in den eigenen vier Wänden. Die verschiedenen Apartments tragen die Namen der umliegenden Felsformationen.

Sie heißen „Königstein", „Papststein", „Pfaffenstein" und „Lilienstein" und bieten großen Familien oder Personengruppen genügend Platz zum Beisammensein und Entspannen.

Ein Brunnen am Haus und behagliche Sitzecken laden zum Genießen der umliegenden Natur ein. Vom Garten aus haben die Gäste einen Panoramablick auf den gegenüberliegenden Papststein, der dem Ort seinen Namen gab und um den sich eine alte Sage rankt.

Apartmenthaus Saxonia in Bad Schandau

Friedmar Kleber betreibt das Saxonia-Apartmenthaus in Bad Schandau und ist dabei, ein weiteres Gebäude in unmittelbarer Nachbarschaft zu sanieren. In die gebirgige Gegend verliebte sich der gebürtige Freiberger beim Urlaub auf Klettertouren mit Freunden und Familie. Als er davon erfuhr, dass sein favorisiertes Anwesen zum Verkauf stand, überlegte er nicht lange. Mit viel Liebe und Engagement ergänzte er das bereits sanierte Ensemble mit eigenen Ideen und Stilrichtungen. Beraten ließ er sich dabei auch von der Vorbesitzerin, die umfangreiche Erfahrungen in der Branche gesammelt hatte. Den Komfort von fünf Sternen in landschaftlich schöner Umgebung anzubieten, bestimmt seit langem das Konzept des 41-Jährigen. In Sachsen betreibt der Liebhaber schöner alter Bausubstanz noch weitere Gästehäuser.

Glücks-Moment: Fünf Sterne, umgeben von Bergen und Natur

„Bad Schandau, so bin ich sicher, hat großes Potenzial durch seine besondere Historie, die wundervolle Landschaft und die damit verbundenen Möglichkeiten entspannte Tage zu verbringen. Rad- und Wanderwege, der Malerweg, die Sachsentherme, Fahrten mit der Kirnitzschtalbahn, den Elbdampfern oder Touren zum wenige Minuten entfernten Golfplatz laden zu erlebnisreichen Ausflügen ein.

Es macht mich glücklich, Gastgeber in dieser schönen Stadt zu sein. Schon vor Jahrhunderten zog es Menschen in diese Gegend – die Schweizer Maler Graff und Zingg prägten den Namen ‚Sächsische Schweiz'. Zur selben Zeit entwickelte sich ein bescheidener Kurbetrieb im Städtchen. Bereits 1680 wurde eine eisenhaltige Quelle, das ‚Rote Flößgen', gefasst und das erste Badehaus errichtet. Ab 1780 entstanden dann repräsentative Hotelneubauten, in denen sich das internationale Badepublikum zur ‚Nachkur' erholte. Große Verdienste auf dem Gebiet des hiesigen Fremdenverkehrs- und Hotelwesens erwarb sich der Hotelier Rudolf Sendig, der hier sogar einen Flughafen für Zeppeline errichten wollte. 1920 erlangte die Stadt den amtlichen Titel ‚Bad' und 1936 die Ernennung als ‚Kneippkurort'. Ab 1950 entwickelte sie sich zum staatlich anerkannten Erholungsort."

Blick auf die einladenden
Terrassen sowie ins Innere des
stilvoll eingerichteten Apart-
menthauses. Früher, so erzählt
Friedmar Kleber, gab es für
Gäste nur Sommerwohnungen im
Haus, später wurden diese das
ganze Jahr über vermietet.

Heute stehen die Apartments
für entspanntes Ankommen mit
einem hohen Komfort wie zu
Hause. Man kann einen gelungenen
Tagesabschluss nach einer großen
Wanderung haben, dem Rauschen
des nahegelegenen Flusses
lauschen und bei einem Glas
Wein entspannen.

www.apartmenthaus-saxonia.de; www.elbsandstein-apartments.de

Zwei Sommerterrassen bieten Platz zum Entspannen, Feiern oder Grillen. Elegante Möbel und erlesene Stoffe (unten und gegenüber) bieten individuellen Wohnkomfort. Alle Wohnungen sind mit hochwertigen Küchen und geschmackvollen Bädern ausgestattet und verfügen über Balkon oder Terrasse. Die Quartiere sind zudem nach bedeutenden Persönlichkeiten benannt und verweisen damit auf die lebendige Geschichte Sachsens.

Viele Möbel sind erlesene Sammlerstücke und über die Jahre von Antikmärkten zusammengetragen. Nicht zuletzt bei der Raumgestaltung der Bäder (unten) hat sich der Gastgeber von ausgefallenen Stilrichtungen und originellen Einrichtungsideen inspirieren lassen.

Jede der Gästewohnungen verfügt über eine eigene Küche und einen jeweils anderen Einrichtungsstil. Während in einigen eher moderne Elemente und frische Farben vorherrschen, bestechen andere durch antikes Mobiliar, opulente Textilien und gediegene, warme Töne.

Anbei weitere Glücks-Momente:

In die Welt der Farben eintauchen	Anja Krabbes Kreidezauber	Seiten 122 – 125
Kuscheln, Entspannung & Geborgenheit tanken	Elisa Meyers KuschelKiste in Leipzig	Seiten 126 – 127
Gastgeber in der Heimat werden	Laasenhof in der Sächsischen Schweiz	Seiten 128 – 131
Traditionellem Handwerk neues Leben einhauchen	Claudia und Uwe Lahl aus Gößnitz	Seiten 132 – 135
Leben im Elbhang, mit Wein und Geschichte	Villa „Herbstes Segen" der Familie Lau in Loschwitz	Seiten 136 – 141
Das Land der Vorfahren bestellen und beleben	Lavendeltraum von Christine Winkler-Dudczig, Königshain	Seiten 142 – 145
Baudenkmal erlebt Renaissance	Jagdschloss Bielatal der Familie Lubbers	Seiten 146 – 149
Sich treffen und gemeinsam kochen	Kochschule „LukullusT" in Leipzigs Innenstadt	Seiten 150 – 153
Ein Gastgeber für alle Fälle sein	Marc Binder, Leipzig, "Studio 44" und „Café Julius & Hans"	Seiten 154 – 157
Mit Holz, Metall, Stoff und Leder arbeiten	Familie Mehnert in Schönborn bei Dresden	Seiten 158 – 163
Italienische Lebensart nach Sachsen holen	Manufaktur „Pestorado" im Gasthof Weinböhla	Seiten 164 – 167
Traditionen des Handwerks bewahren	Möbel Rehn in Freital	Seiten 168 – 171

Glücks-Moment:
In die Welt der
Farben eintauchen

Anja Krabbes
Kreidezauber

Anja Krabbes (oben mit Annie Sloan) lebt mit ihrer Familie im Süden von Leipzig, in Knauthain. Vor Jahren veränderte die Familie ihren Lebensmittelpunkt und zog von New Jersey in den USA in den Süden der Messestadt ins ehemalige Küchenhaus eines Rittergutes. Sie bauten dieses nach eigenen Vorstellungen um und aus. Entstanden ist sowohl ein behagliches Zuhause für die Familie als auch ein kreatives Refugium, in dem die Lehrerin und Mutter dreier Kinder mit ihren Kreidefarben und ausgedienten Möbelstücken neue Lieblingsstücke erschafft. Wer mag, kann bei der vielseitigen Pädagogin in Workshops lernen, wie man alte Möbel und Accessoires in völlig neue verwandelt.

„Anwendbar sind die Kreidefarben ganz einfach, man muss kein Profi sein. Alt und Jung kommen gleichermaßen gut zurecht. Die älteste Liebhaberin der Technik im Ort ist schon über 80, ich durfte ihr die Farben nur liefern, die Handhabung erklären. Gestrichen und gewachst hat sie dann selbst und ist sehr stolz auf das Ergebnis. Es begeistert mich, dass ich anderen diese Form der Kreativität schenken darf. Seit ich meinen kleinen Laden im Ort eröffnet habe, kommen viele Interessenten und ich kann meine farbenfrohen Möbel, Stoffe und das passende Zubehör auch ausstellen. Es macht mich immer wieder glücklich, in die Welt der Kreidefarben einzutauchen und dabei ständig Neues auszuprobieren. Das Label fand ich durch Zufall. Eigentlich wollten wir Ski fahren, doch dann lag kein Schnee und wir besuchten meine Freundin Steffi Mollenhauer in Schlitz, die dort einen Vintage Store betreibt. Ich sah die Farben, nahm einige mit und probierte diese zu Hause aus. Das Ergebnis begeisterte mich sofort. Auf einige wenige Möbel, die so ein völlig neues Aussehen bekamen, folgten schnell weitere. Ich setzte mich letztlich ins Flugzeug und besuchte sogar die Urheberin und Herstellerin Annie Sloan in England. In ihren Workshops lernte ich, wie wandelbar die Kreidefarben sind. Nicht nur Möbel, sondern auch Lampen, Stoffe und Accessoires lassen sich mit ihnen verändern."

Die Pigmente der Kreidefarben
sind natürlichen Ursprungs. Durch
die verschiedenen Mineralien bekommen die Oberflächen einen wei-
chen, pastellenen Ton. Wer mag,
kann die Töne auch untereinander
mischen und so neue Varianten
erzeugen.

Anja Krabbes hat durch die Farben
letztlich auch neue Ideen bekommen. Sie sammelt heute fast alles,
was originell aussieht, schaut
sich jedes ausgediente Stück unter
völlig neuen Gesichtspunkten an.

www.kreidezauber.de

Nicht nur den eigenen kleinen Laden, sondern auch das Zuhause gestaltete die kreative Lehrerin mit ihren Kreidefarben völlig neu.

In Workshops lernen die Teilnehmer, verschiedene Farbnuancen herzustellen. Der blaue Schrank (unten rechts) fand kurz nach dem Fototermin ein neues Zuhause. Die Telefonbank davor machte sie im Internet ausfindig und verlieh ihr ein neues, frisches Aussehen. Wer mag, kann die Kreidefarben auch an anderen Materialien ausprobieren. Anja hat unter anderem Handtücher und Gardinen mit ihnen gefärbt.

Elisa Meyers
KuschelKiste
in Leipzig

Sie kommt aus Luxemburg, hat in Freiburg Germanistik und Philosophie studiert und promoviert. Nun hat Elisa Meyer in Leipzig ihre „KuschelKiste" gegründet: Ein Projekt, so erklärt sie, das in Deutschland und Nachbarländern noch relativ unbekannt, in den USA aber als Therapieform bereits etabliert ist.

Das Ansinnen: Durch sanfte Berührungen und Körperkontakt werden Blockaden gelöst, Glück, Geborgenheit und Entspannung vermittelt. In einem Vorgespräch wird geklärt, welche Möglichkeiten der gegenseitigen Berührung es gibt, mit welcher Problematik der Klient zum Kuscheln kommt. Erst dann startet die geplante Kuschelrunde. Neben Einzelsitzungen werden auch Kuschelpartys oder Workshops angeboten.

Glücks-Moment: Beim Kuscheln Entspannung & Geborgenheit tanken

„Es macht mich froh, wenn ich meinen Klienten ein Stück Geborgenheit und Glück schenken und vielleicht ein wenig mehr Zuversicht mit auf den Weg geben kann. Was in Amerika schon längst zum Alltag gehört, ist in Europa noch neu und ungewohnt. Dabei ist Körperkontakt neben Schlaf und Essen ein wesentlicher Bestandteil grundlegender menschlicher Bedürfnisse. Wer nicht mit Freunden, Familie oder dem Freund/der Freundin kuscheln kann, hat Defizite im Alltag. In persönlichen aber dennoch professionellem Rahmen können diese Bedürfnisse ausgedrückt und befriedigt werden. Als kleine Gruppe arbeiten wir von Leipzig, Wien, Berlin, Hannover und Salzburg aus und möchten auch gern weitere professionelle ‚Kuschler' für unsere Sache begeistern.

Bevor wir uns körperlich nahekommen, taste ich mich vorsichtig heran, um die Gründe zu erfahren und mögliche Grenzen abzustecken und natürlich auch, um den Wünschen meiner Klienten zu entsprechen. Kuscheln im professionellen Sinne hat nichts mit Erotik zu tun. In unserem Kuschelprogramm wird jeder Körperkontakt integriert, der nicht sexuell ist oder in den Bereich der Massage gehört. Dies geht vom Nebeneinandersitzen bis hin zum Festhalten oder Streicheln. Der Phantasie sind dabei keine Grenzen gesetzt. Meine Spezialität: Full-Body-Kontakt, Reden beim Kuscheln, Kuschel-Raufen."

Es ist leider nur an wenigen Orten in der Gesellschaft erlaubt oder gern gesehen, Menschen zu streicheln und zu umarmen. Dabei ist das Kuscheln ein absolut glückbringendes Unterfangen. Das Bindungshormon Oxytocin wird dabei ausgeschüttet. Es stärkt das Vertrauen und fördert soziale Bindungen. Elisa Meyer hat zum Thema Körperkontakt geforscht, studiert und promoviert und will Nähe und Körperkontakt nun auch in den Alltag der Menschen integrieren. Ihr Kuschelprogramm kann in Leipzig gebucht werden. Turnusmäßig werden auch Workshops und Kuschelpartys angeboten.

www.cuddlers.net/E-Mail: cuddlerslisi@gmail.com

Laasenhof in der Sächsischen Schweiz

Mandy und Mario Höse haben ihren Laasenhof in der Sächsischen Schweiz einem Glücksumstand zu verdanken. Jahre lebten und arbeiteten die Hotelfachfrau und der Koch in der Schweiz und sammelten da wertvolle Erfahrungen. Letztlich wollten sie einen eigenen Hof erwerben, auf dem sie ihre Ambitionen umsetzen konnten. Durch Zufall erfuhren sie vom anstehenden Verkauf des Laasenhofes. Das Paar kontaktierte den damaligen Eigentümer und plante einen Urlaub vor Ort, um sich ein Bild zu machen: "Wir bekamen keine Zusage, sind aber in Verbindung geblieben. Letztlich entschied sich unser Wunschtraum dann einen Tag vor Weihnachten", erinnern sich die heutigen Pächter. Bereut haben sie den Schritt zur eigenen Pension mit Restaurant nicht. Die Sächsische Schweiz ist ein Touristenmagnet, immer mehr Gäste entscheiden sich für einen Urlaub im Inland und der Heimat, erzählen sie.

Glücks-Moment: Gastgeber in der Heimat werden

„Der Name des Laasenhofes steht für ‚gerodetes Land'. In der Tat war es hier einst nur noch wenig bewaldet, weil Holz geschlagen, zum Flößen und Handel gebraucht wurde. Der Laasenhof wurde im Jahr 1867 erbaut und dann von verschiedenen Eigentümern nach und nach zu dem erweitert, was er heute ist.

Zwischenzeitlich war hier ein Betriebsferienheim, danach wurden Haus und Hof erneut privatisiert. Heute gibt es unser Restaurant mit Pension, 40 Betten für Urlauber, einen Wellnessbereich, das Sandsteinzimmer sowie einen Weinkeller. Wir selbst wohnen und arbeiten hier und können uns keinen besseren Ort zum Leben vorstellen.

Wir haben das Anwesen im Urlaub kennengelernt und mit den damaligen Eigentümern Verbindung aufgenommen. Damals bekamen wir jedoch eine Absage. Wir blieben trotzdem weiter in Kontakt. Die heutigen Laasenhofbesitzer leben in Dresden, sind schon immer Liebhaber der Sächsischen Schweiz und fanden damals auf ihren Wandertouren kein geeignetes Quartier. Als sie vom anstehenden Verkauf des schönen Feriendomizils erfuhren, entstand bei ihnen spontan die Idee, dieses zu erwerben. Für das Haus wurde ein Pächter gesucht und nun hatten wir endlich Glück: Wir bewarben uns und wurden dann tatsächlich einen Tag vor Weihnachten zum Gespräch eingeladen."

Das schöne und architektonisch markante Anwesen befindet sich am Ende des Kurortes Rathen am Waldrand, umgeben von einem idyllischen Grundstück. Mit seiner runden Turmspitze ist das beliebte Feriendomizil zum Markenzeichen der Umgebung geworden.

Neben weiteren Attraktionen in Haus und Hof lädt ein uriger Weinkeller (unten) die Gäste der Pension zur gemütlichen Runde ein. Ausgeschenkt werden edle Tropfen, die unter anderem in der Region angebaut werden.

https://laasenhof.de

Von der Terrasse des Laasenhofes kann man auf das nur wenige Kilometer entfernte Panorama der in Sandstein eingebetteten „Bastei" blicken. Aber auch anderswo hat man schöne Ausblicke und kann entspannen – Haus und Hof sind großzügig konzipiert, sodass man bei schönem Wetter eine Reihe von behaglichen Sitzecken und Liegeflächen sowie einen Barfußpfad (gegenüber Mitte links) vorfindet. Müde Wanderer können für die Nacht ein Quartier buchen, sich am anderen Tag mit Frühstück beköstigen oder im Restaurant kulinarisch verwöhnen lassen.

Glücks-Moment: Traditionellem Handwerk neues Leben einhauchen

Claudia und Uwe Lahl aus Gößnitz

Sie haben ein Fabrikgebäude in Gößnitz im Altenburger Land gekauft und sich dort ihren Mittelpunkt zum Leben, Wohnen und Arbeiten geschaffen. Der Um- und Ausbau des schönen, großen Hauses hat dazu geführt, dass eigene Ideen Gestalt angenommen haben und einmal begonnene Konzepte sich erweitern konnten. Heute beherbergt das Gößnitzer Anwesen das Label „NaturWunderBar®" von Claudia Lahl und die Werkstatt „Leder Kreativ" von Uwe Lahl. Mit seinen Projekten belebt das kreative Paar nicht zuletzt auch traditionelles Handwerk mit Likören aus eigener Herstellung, selbstgeräuchertem Käse und von Hand punzierten Kunstwerken aus Leder.

„Anfangs erschien uns das Projekt zu groß. Als der Makler uns mit dem Preis entgegenkam, konnten wir dann letztlich nicht anders, als zuzusagen. Das Haus hat sich dann Stück für Stück zu dem entwickelt, was es heute ist. Fast alles haben wir mit eigenen Händen um- und ausgebaut, umgestaltet und umfunktioniert. Früher war dies eine Fabrik. Heute leben, wohnen und arbeiten wir hier.

Die Wohnräume sind vor allem deshalb charmant, weil sie wunderschöne Ausblicke auf die umliegende Ortschaft und die Natur bieten. Dass wir direkt neben dem Friedhof wohnen, stört uns nicht. Vielmehr verschafft uns das eine natürliche Oase in der Nachbarschaft. Seltene Vögel finden ihren Weg zum Futterhaus am Fenster.

In den unteren Räumen sind die Likörmanufaktur, die Käseherstellung und -räucherei sowie die Punzierwerkstatt untergebracht. Mit den Jahren haben wir unsere hausgemachten Produkte weit über die Grenzen unseres Landes bekannt gemacht.

Wenn wir Zeit haben, fahren wir auf Märkte, um das feilzubieten, was wir selbst hergestellt haben. Das Landleben erdet uns und lässt uns ganz bewusst auf die Dinge konzentrieren, die uns wichtig sind."

Das Gößnitzer Fabrikgebäude von Claudia und Uwe Lahl (unten) ist heute deren romantisches und geräumiges Zuhause, in dem traditionelles Handwerk betrieben wird. Im Obergeschoss hat sich das kreative Paar eigene Wohnräume um- und ausgebaut.

In der unteren Etage werden Claudias Liköre und Käse hergestellt (oben links). Unmittelbar daneben entstehen Uwes kunstvolle lederne Taschen, Gürtel und Uhren (oben rechts).

www.naturwunderbar.de/www.lederkreativ.de

Die Kunst, Leder zu punzieren, ist mehrere tausend Jahre alt. Uwe Lahl, der den Beruf des Elektrikers erlernt hat, faszinierte das traditionelle Handwerk so, dass er letztlich eine eigene Werkstatt einrichtete und selbst mit dem Verzieren von Leder begann.

Arztkoffer (mitte links) und „Blume des Lebens" (unten links) sind in der Punzier-werkstatt des Kunsthandwerkers entstanden. Anhand der Fülle der Stanzeisen (unten rechts) lässt sich die Vielfalt von Mustern und Ornamenten erahnen.

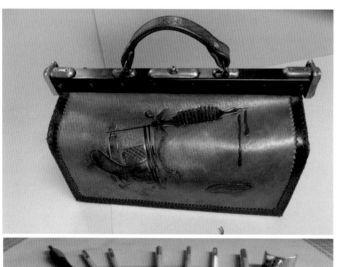
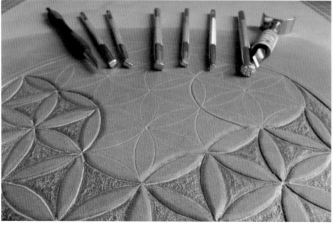

Vegane Käsealternativen in unterschiedlichen Geschmacksrichtungen
(oben) sind eine Besonderheit des
Labels „NaturWunderBar®".

Damit diese die richtige Würze
bekommen, werden sie mit heimi-
schen Kräutern vermengt und ge-
räuchert. Für das aufwändige
Prozedere hat das Paar eine
eigene Räucherei eingerichtet
(unten rechts).

Die oberen Räume (unten links)
haben die Gößnitzer zur Wohnung
um- und ausgebaut. Einige Wände
sind entfernt worden, damit
schöne, große und helle Räume
entstehen konnten. Aus ihrer
geräumigen Wohnküche im ersten
Stock genießen die Hauseigentümer
heute bezaubernde Ausblicke auf
die umliegende Natur.

Villa „Herbstes Segen" der Familie Lau in Loschwitz

Historische Architektur begeistert Matthias Lau (oben) schon immer. Schon öfter, wenn er einem alten, verfallenden Haus begegnete, wurde der Wunsch in ihm wach, es vor dem Verfall zu retten. So blieb es nicht aus, dass der Wahl-Dresdner die eine oder andere Immobilie schon „wach geküsst" hat. Sein jüngstes Projekt: die Villa „Herbstes Segen" in Dresden-Loschwitz. Hoch oben auf dem Burgberg gelegen, thront das herrschaftliche Anwesen, nur wenige Meter vom „Blauen Wunder" entfernt, über einer atemberaubenden Elblandschaft. Aus den Fenstern des Hauses kann man über ganz Dresden schauen. In den oberen Etagen lebt die Familie selbst, das Erdgeschoss vermietet sie an Feriengäste aus aller Welt.

Glücks-Moment: Leben im Elbhang, mit Wein und Geschichte

„Eigentlich wollte ich in meiner frühen Jugend Archäologie studieren, vielleicht kommt daher mein Faible für alte Häuser. Es begleitet mich jedenfalls schon mein Leben lang. Mein erstes Haus restaurierte ich in jungen Jahren in meiner Heimatstadt Halle/Saale – ein kleines, mittelalterliches Fachwerkhaus, dessen Baujahr zunächst um 1900 datiert wurde und dessen Grundmauern später ein Alter um 1550 erkennen ließen. Solch ein Baudenkmal mit eigenen Händen vorm Verfall zu bewahren, ist spannend, eine ganz besondere Herausforderung und äußerst lehrreich. Als ich die Villa ‚Herbstes Segen' entdeckte, waren bereits viele Jahre vergangen. Die Immobilie war da schon in einem so schlechten Zustand, dass man durchs Dach in den Himmel schauen konnte. Von der historischen Bausubstanz war nur noch so wenig vorhanden, dass das Gebäude sogar aus der Denkmalliste gestrichen worden war. Dabei hat es eine ganz besondere Geschichte. Erbaut wurde es als Sommersitz des Dresdner Tanzlehrers Anton Sell um 1860 als eines der ersten Anwesen auf den niedergegangenen Weinhängen im Dorf Loschwitz. Der Weinberg am Loschwitzer Burgberg gehörte zuvor dem Loschwitzer Fährmeister Modes, auf dem Nachbargrundstück bestand damals schon das bekannte Hotel Burgberg, welches es seit 1945 leider nicht mehr gibt. Aus dem zweigeschossigen, zierlichen Bau ließ ein späterer Bauherr, ein Dresdner Hotelier, in den 30er Jahren des vorigen Jahrhunderts das Haus in seiner heutigen Form entstehen."

Herrschaftlich thront die Villa „Herbstes Segen" auf dem Loschwitzer Burgberg. Vom Eingang an der Plattleite gelangt man durch ein kunstvolles, schmiedeeisernes Tor über viele Steinstufen hinauf zum wunderschön gelegenen Wohn- und Ferienhaus.

„Obwohl das Haus über die DDR-Zeit immer in Privathand geblieben war, wurde es nach der Wende ‚leergezogen' und verfiel. Als wir es erwarben, schien es, als sei die schöne, alte Villa kaum noch zu retten. Heute macht es mich glücklich, dass wir hier unsere Lebenszeit verbringen dürfen. Jeden Abend, wenn ich von der Arbeit nach Hause komme, halte ich inne und lasse meinen Blick noch einmal kurz über diesen wundervollen Ort schweifen. Es ist immer noch etwas Besonderes für mich. Ich bin mir in diesem historischen Umfeld bewusst, dass wir nur Gäste hier sind und vorübergehend das nutzen dürfen, für das wir Verantwortung übernommen haben. Der Um- und Ausbau des Hauses nahm Jahre in Anspruch und gestaltete sich natürlich weitaus aufwändiger, als vorher gedacht. Wir haben uns bemüht, aus dem in der DDR entstandenen, eher pragmatischen und schmucklosen Dreifamilienhaus den einstigen Baukörper wieder herauszuschälen. In der unteren Etage sind nun zwei Ferienwohnungen für Gäste entstanden, die aus aller Welt kommen und übers Jahr hier ihre Ferien verbringen. Um das Haus auch den Dresdnern zu öffnen, veranstalten wir Hauskonzerte und lassen dabei jenen Künstlern eine Plattform zukommen, die noch weitestgehend unbekannt sind. Was uns ebenfalls freut: dass sich einstige Bewohner über den Fortgang der Bauarbeiten und den heutigen Zustand erkundigen und glücklich sind, dass ihre Villa ‚Herbstes Segen' für Loschwitz erhalten geblieben ist."

www.elbdomizil.de

Der Blick in die schönen, hellen und lichten Räume (gegenüber) lässt ahnen, welche Herausforderung es bedeutete, die einstige Schönheit der Villa wieder hervorzuholen. Durch Entfernung von störenden Wänden, neu eingezogene Stahlträger und das Freilegen der alten Deckenbemalung erstrahlt die Beletage mit Wohn- und Esszimmer sowie einer geräumigen Küche heute wieder in altem Glanze.

Das Außengelände hat seinen einstigen Charme bewahrt. Ein alter Pavillon im Garten (Foto oben) wartet noch auf seine Restaurierung. Vor dem Haus wurde der Weinberg des Fährmeisters Modes wieder aufgerebt (Mitte).

Der Sitzplatz unter großen, alten Bäumen (unten) hat die Familie zum Lieblingsplatz im Freien auserkoren.

Hoch oben auf dem Burgberg gelegen, bietet das Anwesen atemberaubende Ausblicke.

Aus dem Wintergarten (unten) haben die Gäste einen idyllischen Blick auf die schöne Umgebung.

Die besondere Lage der Villa „Herbstes Segen" hat den Eigentümer veranlasst, sich seine eigenen „Schleichpfade" durch die Natur zu pflastern (gegenüber unten).

Glücks-Moment:
Das Land der Vorfahren bestellen und beleben

Lavendeltraum von Christine Winkler-Dudczig, Königshain

Es ist die Liebe zum Lavendel, zu dessen betörendem Duft und wunderschöner violetter Farbe, welcher Christine Winkler-Dudczig auf die Idee brachte, die mediterrane Pflanze im heimatlichen Königshain anzubauen. Hinter dem Hof erstrahlt ihr Feld in atemberaubendem Violett, dazwischen Rosen und Rittersporn, der die kräftige Farbe des Lavendels aufgreift und noch verstärkt.

Unzählige Schmetterlinge und Bienen summen in den duftenden Beeten. Frisch geschnitten, lässt sich der Lavendel vielfältig weiterverarbeiten. Auf Märkten und Messen bietet die studierte Sozialpädagogin ihre Säckchen, Sträuße, Kissen und andere Accessoires an. Für ihre Ambitionen hat ihr ihr Vater eigens einen Verkaufswagen gebaut.

„Das Land der Eltern zu bestellen – auch wenn es momentan noch in einem relativ kleinem Rahmen vonstattengeht – das macht mich einfach glücklich. Es ist ein schöner Flecken Erde, auf dem wir hier leben, wohnen und arbeiten. Zudem ist es meine Heimat. Ich bin hier groß geworden und möchte auch dableiben. Wir wohnen gern hier. Bis zur Generation der Großeltern wurde das Feld von der Familie bewirtschaftet. Meinen Eltern ist es wichtig, dass das Land auch zukünftig in der Familie bleibt. Es gibt interessante Möglichkeiten, auch im Kleinen Landwirtschaft zu betreiben und etwas Besonderes aus dem zu machen, was man hat. Dem Lavendel gehört ein Teil meiner freien Zeit. Ich baue ihn nicht nur gern an, sondern verarbeite die Blüten auch weiter. Hierin findet sich meine Vorliebe für handgefertigte Produkte wieder. Seit meiner Kindheit habe ich ein grünes Gen und eine große Leidenschaft für schöne Stoffe und Papiere.

So entstehen Gebinde, Kissen, Accessoires und Köstlichkeiten. Auf Messen und Märkten komme ich mit vielen Menschen zusammen und kann etwas von meiner Freude weitergeben. Natürlich ist die Tätigkeit im Lavendelgarten auch ein Ausgleich zu meiner Arbeit an der Hochschule. Als Gärtnerin kann ich meinen Gedanken nachhängen, mich erden und entspannen. Es gibt ein wunderbares Gefühl der Freiheit, draußen zu arbeiten."

Der ehemalige Hof der Großeltern ist nun ein Familienhof, auf dem mehrere Generationen leben. Ein Stück des eigenen Feldes ist heute dem Lavendel vorbehalten. Hier baut Christine Winkler-Dudczig die Pflanzen an, kultiviert und schneidet sie, um den Lavendel zu duftenden Sträußen, Kissen, Säckchen und Accessoires weiterzuverarbeiten und diese auf Messen und Märkten feilzubieten. Tatkräftige Unterstützung leistet dabei auch die Gärtnerei der Schwiegereltern.

www.lavendelhain.de

Für die Lavendelliebhaberin ist das eigene Zuhause ein behagliches Refugium. Hier kann sie ganz bei sich sein, entspannen und auftanken. Die Lavendelprodukte und selbst genähte Accessoires arrangiert sie auf Märkten gern am eigenen Stand. Ein Verkaufswagen, den ihr der Vater (gegenüber unten) gebaut hat, bietet dafür den passenden Rahmen. Fleißige Helfer (von links nach rechts Antje Köhler und Schwester Sonja Weber) sowie Ehemann Manuel Dudczig (unten rechts) begleiten die Lavendelernte.

Jagdschloss Bielatal der Familie Lubbers

Die Mathematikerin Cindy und der Physiker Hans Lubbers leben und arbeiten mit ihren beiden Töchtern an der niederländischen Grenze. Ihre Ferien verbringen die Liebhaber schöner, alter Bausubstanz wahlweise dort oder auch in Sachsen, wo sie das Jagdschloss Bielatal und ein Gasthaus erwarben, um diese zu sanieren und neu zu beleben. Eigentlich, so erzählt das Paar, hatten sie ein kleines, romantisches Umgebindehaus gesucht. „Die erste Besichtigung des Jagdschlosses fand im Oktober statt. Die waldreiche Gegend erstrahlte in wundervollen Herbstfarben und hüllte das Haus mit Kapelle und Pavillon in einen warmen Glanz", erzählt das Paar. Spontan verliebten sie sich in das schöne Anwesen und erwarben es, um es zu sanieren, neu zu beleben und irgendwann einmal ganz einzuziehen.

Glücks-Moment: Baudenkmal erlebt Renaissance

„Wir sind sehr gern hier. Es ist ruhig, landschaftlich wunderschön gelegen und genau der richtige Ort zum Ferien machen. Wir haben zwei Wohnungen um- und ausgebaut und wollen später einmal selbst hier leben. Das besondere Potenzial liegt wohl auch in der familienfreundlichen Umgebung: Jeder kann wandern und Rad fahren, egal ob er jung oder alt ist. Die Wege sind so beschaffen, dass sie für alle Altersgruppen den passenden Schwierigkeitsgrad bereithalten. Immer noch sind wir nicht fertig mit der Sanierung unseres Baudenkmals. Das obere Geschoss des Haupthauses ist noch im Rohbau. Es ist ein Anwesen mit Geschichte. Als wir in der Sächsischen Schweiz ankamen, wussten wir noch nicht, welche wechselvolle Anekdoten es zu erzählen hat.

Im Jahr 1862 erbaut, diente es als Sommerresidenz im aufkommenden Kurgebiet. Später wechselte die Villa mehrfach den Besitzer. Haus und Grundstück wurden lange Zeit von der Familie Krüger bewirtschaftet, was ihr auch den Namen ‚Villa Krüger' einbrachte. Zu DDR-Zeiten entstand vor Ort ein Ferienheim. In der Kapelle wurde der Speisesaal eingerichtet. Zum Glück blieben dabei architektonische Details erhalten, weil sie einfach zugebaut und verkleidet wurden. Wir selbst sind dann vor einem knappen Jahrzehnt eingetroffen. Die neue Eigentümerin wollte das Haus veräußern und wir verliebten uns in die schöne Architektur. Heute verbringen wir selbst mit unseren Kindern die Ferien hier und vermieten die Wohnungen übers Jahr auch an Feriengäste."

Romantisch, umgeben von Park, Wald
und Wiesen liegt das Jagdschloss
Bielatal, das seinen Namen eigentlich einer Idee eines potenziellen
Investors zu verdanken hatte, der
nebenan ein neues Hotel erbauen
wollte und das Anwesen zu Marke-
tingzwecken in „Jagdschloss" um-
taufte. Zum Hotelbau ist es jedoch
nie gekommen, den Namen hat das
Haus jedoch behalten, wie Cindy
und Hans Lubbers (unten) erzählen.

Im Pavillon neben der Kapelle (oben
rechts) ist ein Refugium für die
beiden Töchter oder wahlweise auch
für Ferienkinder entstanden.

www.jagdschloss-bielatal.de

Das Jagdschloss Bielatal befindet sich, umgeben
von Wald und Kletterfelsen, in der Sächsischen
Schweiz.

Wer mag, kann hier wandern gehen und in den
schmuck sanierten Ferienwohnungen nächtigen.
Wahlweise stehen eine romantische Unterkunft im
Wohnhaus oder in der benachbarten Kapelle (diese
Seite unten rechts und gegenüber unten links)
zur Verfügung.

Glücks-Moment: Sich treffen und gemeinsam kochen

„Was mich besonders froh macht: dass Leute jeden Alters sich bei uns zwanglos zum gemeinsamen Kochen, Zubereiten und anschließendem Schlemmen treffen, dabei nicht nur viel über in- und ausländische Kochkünste lernen, sondern dass auch der gesellige Aspekt in den Vordergrund rückt. Es gibt mittlerweile sogar Paare, die sich bei uns kennen und lieben gelernt haben. Der Loftcharakter und das großzügige Ambiente bieten auch größeren Gruppen genügend Raum. Wir haben dieses neue Domizil eigens für ‚LukullusT' umbauen lassen. Das große Haus gehört zum historischen Kern der Innenstadt. Im 18. Jahrhundert war es das Domizil der Handlungsgehilfen, später beherbergte es ein Finanzamt und eine Post.

Tipp: Freunde mitbringen, im Team interessante Zubereitungsarten entdecken und dann gemeinsam genießen wie in der guten alten Zeit. Ein Abend des gemeinsamen Kochens dauert etwa vier Stunden.

Dabei wird nicht nur nach Herzenslust geschnippelt, geschält, gebraten, gekocht, gefachsimpelt und genussvoll gegessen, man kann sich auch von diversen Tisch- und Dekorationsideen der Profis inspirieren lassen. Wer vor Ort welche Aufgabe übernimmt, entscheidet ein Los."

Kochschule „LukullusT" in Leipzigs Innenstadt

Glücklich ist das Team von „LukullusT" Leipzig, wenn es Gäste mit seinen Kochkünsten inspirieren, zum Nachmachen, gemeinsamen Zelebrieren und Genießen anregen kann. Sich zum Kochen in Leipzigs City treffen, das schließe natürlich auch heitere Geselligkeit mit ein, erzählt Claudia Thorn. Die Inhaberin der stilvollen Kochschule ist eine der Pionierinnen in ihrem Genre. In Berlin lebend, hatte die heutige Leipzigerin das Potenzial des gemeinsamen Kochens schon früh entdeckt und als Geschäftsidee in ihre neue Heimatstadt mitgebracht.

Wer gemeinsam mit Freunden und weiteren Gästen in Leipzigs Harkortstraße 3 eintaucht, lernt zugleich eines der historischen alten Häuser der Innenstadt kennen. Im 18. Jahrhundert war es das Domizil der Handlungsgehilfen, später beherbergte es Finanzamt und Post.

„LukullusT" verleiht dem Inneren neuen Glanz: Große Kochinseln, moderne Küchengeräte, schimmernde Kristalllüster, lange Tische sowie zahlreiche Sitzplätze laden zum gemeinsamen Kochen ein und garantieren einen genussvollen und geselligen Abend.

https://lukullust.de

151

Diese Seite: Blick von oben
ins weitläufige Ambiente der
Kochschule „LukullusT" mit gut
gefüllten Weinregalen.

Unter Anleitung von Profi-
köchen bereiten die Gäste der
Kochschule ein Menü mit vier
Gängen zu. Wer für welchen
Gang eingeteilt wird, entscheidet das Los der numme-
rierten Steine.

Oben und Mitte: Jeder der Teilnehmer bekommt seine eigene LukullusT-Schürze.

Dann geht es los: Schon die Zutaten, die auf der Kochinsel bereitstehen, sind ein wahrer Augenschmaus. Die Köche erklären genau, welche Arbeitsschritte nötig sind, um aus den einzelnen Ingredienzen das gewünschte Menü zu zaubern.

Eine Tafel mit der Menüabfolge vor den Weinregalen zeigt das gemeinsame Ziel des Abends an. Jeder kann sich nach eigenen Möglichkeiten einbringen und dabei auch neue Leute kennen lernen.

Bei „LukullusT" wird saisongemäß mit den jeweilig regional verfügbaren Lebensmitteln gekocht. Die Menüs sind so konzipiert, dass sie zu Hause auch gut nachgekocht werden können.

Glücks-Moment: Ein Gastgeber für alle Fälle sein

Marc Binder, Leipzig, „Studio44" und „Café Julius & Hans"

Er ist weit gereist und tut dies noch – Marc Binder aus Leipzig betreibt sein "Studio44" mit einem breiten Angebot aus behaglichen und komfortablen Apartments in der Messestadt und hat gerade, als wir uns kennenlernen, sein neues Café „Julius & Hans" eröffnet. Der 35-jährige Kosmopolit ist außerdem Flugbegleiter und Coach für neue Kollegen. Sein Credo: sich überall auf der Welt so wohlfühlen, als ob man zu Hause wäre und diesen Anspruch ins heimatliche Leipzig holen. 24 Stunden lang kann man bei ihm einchecken, ein elektronisches Schließsystem macht das möglich. In seiner Lounge in der Münzgasse 18 kann man zudem gemütlich verweilen, Café trinken und sich auf den neuen Tag in Leipzig einstimmen.

„Es macht mich überaus glücklich, meine Ideen in die Tat umsetzen zu können und das zu leben, was ich mir vorstelle. Ich möchte, dass sich Gäste und Touristen bei uns so wohl fühlen, als wenn sie zu Hause wären. Und das hat eine ganz konkrete Vorgeschichte. Ich selbst bin oft und gern unterwegs und verbringe meine freie Zeit dabei besonders gern in Südafrika, in Kapstadt. Wenn man da ein Zimmer mietet, kann man erleben, wie kreativ die Menschen sind und wie toll man dort wohnen kann. Das hat mich inspiriert und deshalb habe ich mich nach einem längeren Urlaub spontan um ein erstes Quartier in Leipzig gekümmert, das ich nach eigenem Gusto selbst einrichten und gestalten kann. Heute sind es 13 Apartments, die wir in Leipzig vermieten.

Zudem habe ich ein neues, kleines Café gegründet. Es hat den Namen ,Julius & Hans' bekommen und wird als Szenecafé, so hoffe ich, unsere Stadt um einen weiteren angesagten Treffpunkt bereichern. Schon lange träumte ich davon, selbst einmal Gastgeber zu sein, Kaffee auszuschenken und Leute zu bewirten. Gesagt, getan. Zusammen mit Freunden aus Döbeln, die selbst ein kleines Café betreiben, schmiedeten wir erste Pläne und setzten diese auch in wenigen Tagen in die Tat um. Jetzt haben wir uns dazu entschlossen, erst einmal ein Freitags-Café anzubieten. Wenn es gut angenommen wird, werden wir die Öffnungszeiten sicher erweitern."

In der Lounge der „Studio44 Appartments" in der Leipziger Münzgasse 18 ist ein kleines Café zu Hause. Im „Julius und Hans" gibt es leckere Snacks, selbstgebackenen Kuchen und frisch gebrühten „Café Americano".

Die Lage ist zentral, in wenigen Minuten erreicht man Leipzigs Innenstadt mit allen Events und Sehenswürdigkeiten – ideal für die Gäste, die im „Studio44" einchecken. Sie können nicht nur Kaffee trinken, sondern sich vom Betreiber auch kulinarisch verwöhnen und mit wichtigen Tipps für angesagte Touren ausstatten lassen.

www.studio44-apartments.de

Marc Binder (oben) liebt sein kleines
Café und seine Heimatstadt Leipzig. Das
besondere Feeling der Stadt möchte er
den Gästen mit komfortablen Quartieren,
gutem Service, frischem Kaffee und
leckeren Snacks nahebringen.

In einer ehemaligen, zum Wohnhaus umge-
bauten Mädchenschule lebt der Betreiber
der „Studio44 Apartments" nicht nur
selbst, er bietet im selben Haus auch
äußerst komfortable Ferienwohnungen an:
„Die besondere Architektur erstaunt unsere Gäste immer wieder. Der Schnitt und
die Größe der Wohnungen ist schon durch
die Vorgeschichte des Hauses sehr unter-
schiedlich. Von einer ehemaligen Sport-
halle über Klassen- und Lehrerzimmer ist
alles vertreten. Auch das begrünte Außengelände kann mit genutzt werden.

Familie Mehnert in Schönborn bei Dresden

Bei ihnen zu Gast zu sein, das bedeutet zugleich, in ein Stück Freiheit einzutauchen und längst erahnte, aber immer wieder verdrängte Sehnsüchte zu spüren. Die Mehnerts haben sich vor Jahrzehnten den eigenen Traum vom Leben in der Natur erfüllt, das einstige Haus eines Steinbruchbesitzers erworben und dieses mit eigenen Händen um- und ausgebaut. An das äußerst behagliche Wohnhaus schließt sich fast nahtlos die Werkstatt von Andreas Mehnert an, den Familie und Freunde Jonny nennen. Seine Frau Ina hat ihre eigene Schneiderwerkstatt unter dem Dach. Von da oben, so sagt sie, hat man nicht nur den guten Überblick, sondern auch den richtigen Platz, um kreativ zu sein, abzuschalten und zu meditieren.

Glücks-Moment: Mit Holz, Metall, Stoff und Leder arbeiten

„Glücklich sind wir, weil wir auf einem so romantischen Flecken Erde leben, wohnen und arbeiten können und weil unser beider Werkstätten hier Platz finden. Es war Zufall, dass wir das Haus gefunden haben oder dass es uns gefunden hat. Wir sind es gewöhnt, in der Natur zu leben. Ein wichtiges Argument für den Kauf war, dass man im Garten oder auf dem Gelände hinter dem Haus ein Lagerfeuer entfachen, Freunde einladen und mit ihnen einen Tag in der Natur verbringen kann.

Da Haus und Grundstück großzügig sind, war das kein Problem und wir haben uns spontan entschieden, hier unser Leben zu verbringen. Es hat viele Jahre gedauert, bis alles seinen Platz hatte und wir behaglich leben konnten. Da wir fast alles mit eigenen Ideen und eigenen Händen umgesetzt haben, ist es letztlich auch genauso geworden, wie wir es uns vorgestellt haben. Unsere Kreativität bedingt einander und geht auch ineinander über.

In der Sattlerei und Polsterei mit Holz, Leder und Metall zu arbeiten, ist ein Bereich – Stoffe zu sammeln, Zelte, Pavillons, Interieur und Garderobe zu schneidern, ein weiterer. Wer hierher kommt, hat meist einen ganz besonderen Wunsch und möchte, dass dieser auch individuell umgesetzt wird. Wenn wir dem entsprechen können und auch dann, wenn Familie und Freunde gern und oft bei uns eintauchen, dann freut uns das natürlich."

Die Mehnerts (unten) sind gast-
freundliche Leute und führen ein
offenes Haus. Wer zu Besuch kommt,
fühlt sich wohl und möchte gar
nicht wieder gehen. Küche und
Wohnstube sind am Nachmittag in
Sonnenlicht getaucht. In goldenen
Farbtönen erstrahlt und schimmert
auch das Geschirr, was die Gastgeberin auf den Tisch stellt. Letz-
teren hat Andreas Mehnert selbst
gezimmert. Die ausladende Tisch-
platte fand er auf dem Sperrmüll,
die gigantische Lindenwurzel hat
er dazu als Fuß bearbeitet und so
angefügt, dass ein großer, runder
„Stamm- und Familientisch"
entstanden ist.

E-Mail: ina.b.mehnert@gmx.de

Den Traum von der eigenen Ranch lebt der Haus-
herr (links mit seinem Hund) in vollen Zügen.
Bei schönem Wetter schläft er draußen unterm
Vordach in der Hängematte. Gekocht wird leidenschaftlich gern gemeinsam in der gemütlichen, großen Küche, vorzugsweise mit Zutaten
aus dem eigenen Garten.

Holzbalken, Lehmofen und Holzpflaster machen die gute Stube (oben) und die Küche nebenan (unten) zu einem homogenen, natürlichen Lebensraum. An die Wohnräume im Erdgeschoss grenzt die Werkstatt von Andreas Mehnert, der den Beruf eines Werkzeugmachers erlernte und eine Sattlerei und Polsterei betreibt. Taschen jeglicher Art aus Leder sind die Spezialität des Handwerkers.

Die Schneiderstube von Ina Mehnert unter dem Dach ist ein Paradies für Sammler feiner Stoffe, Garne, Knöpfe und Accessoires. Die kreative Dresdnerin schneidert seit Jahrzehnten auf Kundenwunsch, näht neben Garderobe und Interieur auch gern schicke Ledertaschen und Kinderschuhe aus Leder.

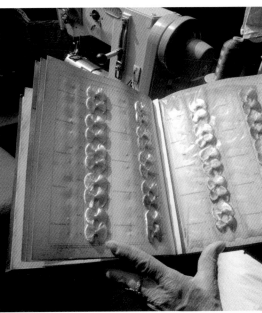

Manufaktur „Pestorado" im Gasthof Weinböhla

Sie sind viel unterwegs gewesen und haben auswärts gearbeitet, bevor sie sich letztlich im sächsischen Weinböhla sesshaft machten. Melanie und Christian Prohl haben aus Liebe zur Heimat und ihrem Urlaubsland Italien die Manufaktur „Pestorado" gegründet. Frische Kräuter, knackige Nüsse und bestes italienisches Olivenöl – das sind die Zutaten, aus denen sie ihr besonderes Pesto zaubern. Hausgemachte Pasta und Risottomischungen gehören ebenfalls zum Angebot. Wichtig sind dem Paar hochwertige, möglichst regionale Zutaten sowie die handwerkliche Herstellung und die Liebe zu genussvollem Essen.

Glücks-Moment: Italienische Lebensart nach Sachsen holen

„Als IT-Managerin und Koch waren wir lange Zeit in der Welt unterwegs, bevor wir beschlossen, uns zu Hause sesshaft zu machen und Menürezepturen anzubieten, die uns und andere glücklich machen. Seit 18 Jahren reisen wir nach Italien, vorzugsweise in die Region rund um den Gardasee. Die italienische Lebensart und ihre besondere Küche begeistern uns. Nicht zuletzt haben wir deshalb beschlossen, diese ein Stück weit in unsere Heimat zu holen. Das Konzept funktioniert, zumal viele Sachsen auch Italienliebhaber sind. Die erste kleinere Manufaktur wurde deshalb schon bald zu klein für alle Ideen, sodass wir mit unserem ‚Pestorado' in den Zentralgasthof Weinböhla umgezogen sind, wo wir nicht nur die Zutaten anbieten, sondern sie in der hauseigenen Küche auch selbst zubereiten und in unserer Winzerstube anbieten, sodass die Gäste sich Anregungen für das eine oder andere Rezept holen und es kosten können.

Pesto, Nudeln und Risotto stellen wir selbst her. Wir achten dabei besonders darauf, dass wir für unsere Rezepturen ökologisch vertretbare und wertvolle Zutaten aus unserer Region verwenden. Zudem haben wir für die Zubereitung unserer Pasta alte Getreidesorten wie den Emmer (Zweikorn) wieder neu entdeckt. Diese verleihen der Pasta ein besonders herzhaftes und kräftiges Aroma. Die von Hand gemachten Nudeln dürfen sich außerdem Zeit zum Trocknen nehmen. Dadurch bekommen sie ihre besondere Konsistenz."

Frische Kräuter, knackige Nüsse und bestes italienisches Olivenöl – das sind die Ingredienzen fürs Pesto von „Pestorado". Hausgemachte Pasta und Risottomischungen werden ebenfalls hergestellt. In der Schauwerkstatt (Mitte) bekommen Gäste einen Einblick in die verschiedenen, teils uralten und traditionellen Getreidesorten, aus denen Pestorado-Nudeln (unten) zubereitet werden. Für ihre Ideen sind die Prohls (unten mit Mitarbeiterin Ines Schlechte) in ihre neue, größere Manufaktur im Zentralgasthof Weinböhla umgezogen.

www.pestorado.de

Diese Seite: Blick ins Innere des neuen „Pestorado" in Weinböhla sowie auf einen kleinen Teil der großen Produktpalette (Mitte).

Wie leckere Limonen-Polenta (unten) zubereitet wird, können Gäste nicht nur auf den hauseigenen Seiten nachlesen, sie können die Rezeptur vor Ort auch als fertige Mischung erwerben oder im Restaurant selbst kosten.

Oben und Mitte: Leckeres Früchteti-
ramisu mit würzigem Pesto und dazu
passendem Kräuterrisotto sind ebenfalls typische italienische
Gerichte, deren Ingredienzen im
„Pestorado" in Weinböhla zu haben
sind.

Melanie Prohl am Eingang zum neu
eröffneten „Pestorado" in Weinböhla.

Der schöne, alte Zentralgasthof, in
den die Manufaktur nun integriert
ist, wurde von der Gemeinde aufwändig saniert und lädt übers Jahr zu
Feiern und kulturellen Veranstaltungen ein.

Möbel Rehn in Freital

Seine Firma in Freital besteht nun schon seit 125 Jahren. Der Urgroßvater von Andreas Rehn, Phillip Rehn, gründete im Jahre 1893 seine eigene Tischlerei in der Jägerstraße. Seitdem ist der Handwerksbetrieb in Familienhand. Weltwirtschaftskrise und später auch die Nachkriegszeit, so erzählt Andreas Rehn, brachten zwar Probleme mit sich – zeitweise waren Tischlerei und Nebenräume Konsum und Lager. Mit der politischen Wende lebte der Familienbetrieb aber wiederum auf: „Wir begannen, mit hochwertigen Möbeln zu handeln und bauten die Tischlerei wieder auf." Mit den Jahren hat sich der Unternehmer, der in Berlin studierte, auf die Fertigung individueller Einbaumöbel spezialisiert: „Es ist schön, wenn ein Stück dableiben kann und weitervererbt wird", ist er sicher.

Glücks-Moment: Traditionen des Handwerks bewahren

„Es macht mich glücklich, dass es nach wie vor Menschen gibt, die das Besondere schätzen und sich für gesunde und hochwertige Materialien im eigenen Zuhause entscheiden. Ich bin in der Tischlerei groß geworden und weiß ganz genau, wie viel Herzblut daran hängt. Dass wir als Handwerksbetrieb auch heute Bestand haben und gefragt sind, das stand eine Weile in den Sternen. Im Jahr 1995 habe ich die Firma von meinem Vater übernommen, ihn damals als Handwerksmeister eingestellt und darum gekämpft, dass die Firma eine Zukunft hat und neue Mitarbeiter eine Ausbildung bekommen haben. Wir haben unseren Maschinenpark erweitert, die Tischlerei ausgebaut und uns wieder neu einen Namen gemacht. Im Jahr 2002 kam die Flut und machte wiederum alles zunichte, was wir uns aufgebaut haben. Aufgeben wollten wir dennoch nicht. Im Jahr 2007 sind wir mit neuen, modernen Maschinen und einer größeren Fertigung erneut gestartet.

Heute klopfen vor allem Leute hier an, die ganz individuelle Vorstellungen vom eigenen Zuhause haben, sich inspirieren lassen und den zur Verfügung stehenden Wohn- oder Arbeitsraum optimal ausnutzen möchten. Was mir besonderen Spaß macht: mit hochwertigen Hölzern arbeiten und sie mit allen erdenklichen Materialien kombinieren, sodass Neues und Einzigartiges entstehen kann."

Küchen, Bäder und Wohnraummöbel
mit organischen Formen, weich
fließenden Kanten und einer hohen
Funktionalität sind das Markenzeichen der Handwerksfirma Rehn.
Jedes Stück wird nach Kundenwunsch gefertigt.

Mit ausgeklügelten Schubkasten-
systemen und einer besonderen Hy-
draulik lassen sich Raumlösungen
für ganz unterschiedliche Ansprüche schaffen. Für besonderen
Schlafkomfort sorgen zudem Lat-
tenroste eines österreichischen
Herstellers (unten).

https://moebel-rehn.de

Besondere Materialien (altes Holz, Moose, Stein, Lack, Metall oder Kunststoff) in Möbel zu integrieren und damit eine schöne Atmosphäre zu schaffen, das ist für den Unternehmer Andreas Rehn eine kreative Herausforderung.

Mehrfach im Jahr lädt die Firma zu Veranstaltungen ein. So werden in den Räumen in der Jägerstraße unter anderem Koch- und Schlafseminare veranstaltet.

Und weitere tolle Glücks-Momente:

Auf historischen Pfaden wandeln	Kyau Haus in Radebeul	Seiten 174 – 179
RETROVELO finden, fahren und leben	Frank Patitz von RETROVELO Leipzig	Seiten 180 – 183
Duftender Kaffee und frischer Kuchen	Mike Brettschneider, Rösterei Momo in Freiberg	Seiten 184 – 187
Italienflair in eine alte Stadtschule zaubern	„Schmidtalien" in Dommitzsch	Seiten 188 – 191
Eigenes Bier brauen und ausschenken	Privatbrauerei Cliff Schönemann, Leipzig	Seiten 192 – 195
Stadtnähe und ländliche Idylle	Schramms Landhaus in Dresden-Cossebaude	Seiten 196 – 199
Andere Menschen glücklich machen	Susann Schwanebecks Haarmanufaktur	Seiten 200 – 203
Renaissance alter Bürgerhäuser erleben	Feriendomizile der Familie Sens in Torgau	Seiten 204 – 205

Glücks-Moment: Auf historischen Pfaden wandeln

Kyau-Haus in Radebeul

Jakob Reichstein war mit seinem Partner Jan auf der Suche nach einem eigenen Haus im Raum Dresden. Als sie vom Radebeuler "Kyau-Haus" erfuhren (der gleichnamige Festungskommandant soll dort zu Besuch gewesen sein) und dieses besichtigten, verzauberte sie vor allem die Romantik, welche es ausstrahlte. „Der Garten war verwunschen, das Haus erinnerte an eine vornehme alte Dame, die zwar gebückt, aber durchaus ehrwürdig in der Landschaft stand", erinnert sich Jakob Reichstein mit einem Lächeln. Zusammen mit seinem Partner erwarb er die denkmalgeschützte Immobilie und konnte sich damals noch nicht vorstellen, wie viel Arbeit sie erwarten würde. Mit eigenen Händen und der Hilfe von Handwerksfirmen sanierten die Männer ihr Haus nach und nach. Heute erstrahlt ihr "Kyau-Haus" in neuem Glanze, bietet Wohnungen für zwei Familien und zudem Platz für Feriengäste.

„Wir leben sehr gern hier. Zwischen 2014 und 2018 haben wir unser ‚Kyau-Haus' saniert und restauriert und dabei Wände und Holzdecken mit Malereien freigelegt. In diesem Haus, bei gedanklichen Reisen zwischen Vergangenheit und Zukunft, entstehen Visionen ganz automatisch. Schön, wenn ein Anwesen nicht wirklich fertig ist und sich wandeln, entwickeln und mit den Nutzern seine Struktur verändern kann.

Das Innere ist heute eine charmante Mischung aus Historie, Gemütlichkeit, Moderne und Komfort. Wir selbst leben zusammen mit einer weiteren Familie im Haus. Zudem gibt es drei Räume mit etwa 60 Quadratmeter für Gäste. Ein Gartenanbau fängt die Sonne der Südseite ein. Früher war hier der Eingang zum Weinkeller. Dieser ist ebenfalls freigelegt.

Weinbau und die Romantik der Lößnitzhänge liegen direkt vor der Haustür. Zwischen dem alten Meißner Land mit Schlössern, Wäldern, den Ufersäumen der Elbe sowie dem Stadtgetümmel der Kulturstadt Dresden ergeben sich unzählige Möglichkeiten für Erlebnis und Erholung. Die Weinbautradition in Radebeul lädt zu kulinarischen Entdeckungsreisen ein. Die Kyau-Linde vor dem Haus spendet Schatten an heißen Sommertagen, die Lößnitzhänge schützen vor kalten Nordwinden und lassen Esskastanien und Magnolien in den Gärten blühen - ein Ort für gute Stimmung und Inspiration, finden wir."

Das "Kyau-Haus" gehört zu den ältesten Gebäuden der Oberlößnitz, welche heute Teil der Stadt Radebeul sind. Die Junge Heide, ein Waldgebiet, grenzt an die Häuser der Wald- und Wettinstraße und verbindet sie mit der Stadt Dresden. Von hier kamen über Jahrhunderte die Besitzer des Hauses. Es war Sommersitz, Landhaus und Wirtschaftsanwesen im Weinbau. Spuren der Geschichte und des Lebens finden sich in jedem Winkel. Das Jahr 1648 steht über der Eingangstür – eine bewegte Zeit, endlich herrschte Frieden nach 30 Jahren Krieg. Ganz in der Nähe des Hauses, in Kötzschenbroda, hatten die sächsischen Kurfürsten 1645 mit den Schweden einen Waffenstillstand besiegelt. Nach Zeiten der Verwüstung begann nun wieder Bautätigkeit. Holzuntersuchungen bestätigen die Errichtung des Kyau-Hauses Mitte des 17. Jahrhunderts. Alte Holzdecken, eine Treppenspindel, Bruchsteine und Sandsteine erzählen von dieser

Zeit. Friedrich Wilhelm Freiherr von Kyau, dem das Haus seinen Namen verdankt, trat in seinem 16. Jahre als Gemeiner in kurbrandenburgische Kriegsdienste und flüchtete 1690 wegen eines Duells nach Sachsen. Durch seine stets frohe Laune machte er sich am Hofe Augusts des Starken beliebt und wurde 1715 Kommandant der Festung Königstein, wo er 1733 auch starb.

Festungskommandant, den Staatsschatz hüten, eines der höchsten militärischen Ämter Sachsens, besetzt von einer Frohnatur – passt dazu Wein aus der Oberlößnitz? Zum Haus gehörten sechs Acker mit Weinbau. Die Adelsfamilie von Loeben, nachweisliche Besitzer, könnten mit Kyau befreundet gewesen sein, der sich hier aufgehalten haben soll. Belegt ist dies nicht. Aber an des Volkes Sagen ist meist ein Fünkchen Wahrheit. Ihren Namen jedenfalls tragen das Haus und die Linde vor dem Haus schon seit langer Zeit.

www.kyauhaus.de

Das Ambiente des „Kyau-Hauses" (gegen-
über rechts Blick in die Ferienwohnung
und rechts unten in das Wohnzimmer der
Eigentümer) ist heute eine charmante
Mischung aus Historie, Gemütlichkeit,
Moderne und Komfort.

Zwischen 2014 und 2018 haben es die
Eigentümer liebevoll und aufwändig sa-
niert. Freigelegt wurden Decken und
Wände mit historischen Malereien. Für
die Auffrischung der Kunstwerke wurden
Restauratoren aus Dresden gewonnen.

Altes und vor allem aufwändig
bemaltes Holz sowie kunstvolle,
teils jahrhundertealte Deckenma-
lereien dominieren im "Kyau-
Haus". Holzbalkendecken und
Fachwerkwände haben beim Umbau
Stück für Stück diese Kunstwerke
freigegeben - bevor die neuen
Eigentümer einzogen, waren die
Decken abgehangen, klebten alte
Tapeten an den Wänden.

Behutsam wurden die Wand- und
Deckenflächen Stück für Stück
freigelegt und dabei festge-
stellt, dass vor allem viele der
alten Balken marode waren: „Familie, Freunde und Bekannte, die
zu Besuch waren, haben sich kaum
vorstellen können, dass wir das
schaffen.

„Wir haben bei den Bauarbeiten
ganze Außenwände erneuern und
das Fachwerk neu aufbauen müssen", erzählt Jakob Reichstein,
der zusammen mit seinem Partner
von einem Raum in den nächsten
zog, um beim Fortgang der Arbeiten Raum zum Wohnen, Leben und
Arbeiten zu haben.

Mit seinen Erkern sowie detailverliebten An- und Umbauten macht das jahrhundertealte „Kyau-Haus" in Radebeul heute wieder eine gute Figur. Es thront altehrwürdig neben weiteren schönen Villen oberhalb des Lößnitzhanges. Aus den Fenstern im oberen Stockwerk genießen die Bewohner einen bezaubernden Blick über das idyllische Elbland.

Frank Patitz von RETROVELO Leipzig

Seine vielfältigen Erfahrungen haben ihn 2003 seine eigene Marke RETROVELO gründen lassen. Frank Patitz aus Leipzig hat zunächst den Schlosserberuf erlernt und nach seinem Diplom als Grafikdesigner seine Meisterschaft als Medienkünstler erworben. Der kreative Leipziger hat bei der Selbsthilfewerkstatt „Rücktritt" gearbeitet, das Layout eines Bucheinbandes für den „Maxime Fahrradbuchverlag" gestaltet und nicht zuletzt den Ballonreifen „Fat Frank" für den Fahrradreifenhersteller „Schwalbe" gestaltet. Das Label RETROVELO sei gleichermaßen Begriff, Konzept und Manufaktur, habe aber weniger mit dem angesagten Lifestyle antiker Markennamen oder der Wiederbelebung von nostalgischen Radmodellen im historischen Gewand zu tun, erklärt er.

Glücks-Moment: RETROVELO finden, fahren und leben

Frank Patitz, der gern draußen unterwegs ist und genauso gern andere Leute trifft, um mit diesen zu radeln, Musik zu hören und zu tanzen, geht es dabei nicht nur um die Weiterentwicklung, Fertigung und Pflege des Alltags- oder Lastenrades. Er begeistert sich für „alternative Mobilitätskultur" an verschiedenen Orten, aber auch dafür, als geladener DJ Musik von seinem Schallplattenfahrrad zu Gehör zu bringen (gegenüber oben).

„Natürlich fahre ich selbst leidenschaftlich gern Fahrrad. Schon deshalb ist es pures Glück, mit eigenen Ideen und Händen die Modelle für Radliebhaber zu bauen, die außergewöhnlich sind und individuellen Ansprüchen gerecht werden. RETROVELO verkörpert historische Inspirationen, angefangen vom Ballonrad der dreißiger Jahre über die Geschichte des amerikanischen Cruisers bis hin zu seiner Verwandlung zum Ur-Mountainbike, dem Klunker.

Entsprechend huldige ich dem klassischen 60-Millimeter-Ballonreifen in einem eleganten Stahlrahmen. RETROVELO fertigt ausschließlich nach individuellen Kundenwünschen vor allem dem persönlichen Fahrgefühl entsprechende Reifen, Griffe, Lenker und Ledersättel. Damit wir den Wünschen der Kunden zeitnah gerecht werden können, helfen je nach Auftragslage ambitionierte Mitarbeiter. Ich selbst fahre am liebsten Tandemtouren mit meiner Frau und genieße die Musik und das Tanzen mit dem Schallplattenrad."

Frank Patitz (gegenüber oben) in der
"Repack-Photocorner" mit dem original
„Schwinn Klunker" von Joe Breeze, San
Francisco 2007 (Foto: Gerolf Meyer).

Mit seinen „Retrovelos" ist er
mit Frau und Freunden oft weltweit
unterwegs.

Besondere Momente an besonderen Orten
und zu besonderen Anlässen wie diese
halten die Leipziger dabei gern im
Bild fest: Oben das Schallplattenfahrrad zur Tour de France 2017 in
Düsseldorf (Foto: Uta Wolf).

Mitte: das Ponyvelo
„Otto Duo" im Jahr 2007 in
New York City (Foto: Gerolf
Meyer) sowie unten das Mixte
„Pendix Anna" im Jahr 2006
vorm Westwerk Leipzig
(Foto: Uta Wolf).

https://retrovelo.de

Wie verschieden sich ein RETRO-VELO ausnimmt und wie elegant man damit unterwegs ist, zeigen folgende Impressionen. Oben: Das „Mixte Tandem" in der Uckermark im Jahr 2015 (Foto: Frank Patitz);

Mitte: Das Cargobike „Bonjohn" im Jahr 2018 vor dem Flughafen Berlin-Tempelhof (Foto: Gerolf Meyer) sowie unten das Ponyvelo „Otto Duo" im Jahr 2006 in San Francisco (Foto: Frank Patitz).

Blick in die Geburtsstätte von RETRO-
VELO: Neben einer Reihe von Stahlrahmen
und Gepäckträgern in diversen und nach
Kundenwunsch gepulverten Farbtönen lassen Werkbänke und Regale technische Fi-
nessen und bauliche Details erahnen.

Abgesehen vom eigenen Ballonreifen
„Fat Frank" zeichnen weitere Details
ein RETROVELO aus: Ein dreifacher Plat-
tengabelkopf, ein passend zum Cockpit
verchromter Frontscheinwerfer sowie ein
abgestimmter Gepäckträger bis hin zum
entsprechenden Kettenschutz und Felgen-
profil.

Glücks-Moment: Duftender Kaffee und frischer Kuchen

Mike Brettschneider, Rösterei Momo in Freiberg

Glücklich ist Mike Brettschneider aus Freiberg, weil er sich den Traum von der eigenen Rösterei erfüllt hat. Als er vom leerstehenden Laden im Stadtzentrum erfuhr, griff er spontan zu, obwohl die Korngasse damals eher desolat und ruinös war und sich kaum Leute dahin verirrten. Heute ist die „Rösterei Momo" ein angesagter Treffpunkt für alle, die eine „gute Bohne" zu schätzen wissen und gern frisch gebackenen Kuchen dazu genießen möchten. „Momo", so der Röstereibetreiber, sei eine Hommage an den gleichnamigen Roman, in dem es um gestohlene und wieder gewonnene Zeit geht – in der Rösterei dürfen sich die Gäste Zeit nehmen, um zu genießen!

„Vor vielen Jahren habe ich zum ersten Mal eine Rösterei in Rostock besucht und war damals fasziniert vom Duft und der besonderen Atmosphäre. Unser jetziges Ladengeschäft in Freiberg stand schon Jahre leer, deshalb reifte die Idee, hier eine eigene Rösterei zu betreiben. Gesagt, getan, wir griffen zu, bauten die Räume nach eigenen Vorstellungen um, richteten das Ambiente für unsere Gäste behaglich ein. Mit der Zeit kamen kleine Snacks hinzu. Natürlich möchte man auch frischen Kuchen zum Kaffee genießen, also begannen wir mit der eigenen Bäckerei. Letztlich erweiterte sich das Ganze auch hin zum Kaffeehaus, wobei der Kaffee bei uns natürlich weiter im Mittelpunkt steht. Für uns ist es wichtig, gute, aromatische Bohnen im Angebot zu haben. Wer mag, kann aus etwa 14 Sorten wählen, die durch das Rösten erst das volle Aroma erreichen. Für Leute, die sich überraschen lassen möchten, wird die Mischung des Hauses serviert.

Sich wieder Zeit für die schönen Dinge des Lebens zu nehmen und wirklich mit allen Sinnen zu genießen, das ist wohl eine der wichtigen Botschaften unserer Rösterei. Genießen und dafür Zeit und Muße zu haben, das macht glücklich. Deshalb haben wir unsere Rösterei ‚Momo' genannt. Im Roman ‚Momo' gibt es die Herren, welche die Zeit stehlen, hier bei uns wird sie im Umkehrschluss zurückgeschenkt, mit einem Lächeln, duftendem Kaffee und frischem Kuchen."

Für sein Interieur recherchierte der Röstereibetreiber Mike Brett-schneider (Foto folgende Seiten) bis weit über die Landesgrenzen hinaus. Die schönen, alten Kaf-feebehälter fand er in Köln. Und auch das übrige Interieur ist antik und passt zum nostalgischen Konzept des Hauses, zu genießen und sich Zeit zu nehmen.

Ihr volles Aroma bekommen die Kaffeesorten durch das frische Rösten (oben rechts). Wer mag, kann zwischen den Kaffeesorten wählen oder die Mischung des Hauses kosten. Ein Cafégarten (unten) lädt an schönen Tagen zum Draußensitzen ein.

http://www.roesterei-momo.de

185

Die Rösterei Momo liegt in Freibergs Innenstadt, unweit von Schloss, Dom und weiteren Sehenswürdigkeiten. Am Ende der Korngasse steht das Kornhaus. Die umliegenden Häuser gehörten gut betuchten Kaufleuten der Stadt. Nach einer Phase des Stillstandes und Verfalls folgte die Nachwendezeit mit Sanierung und der Eröffnung neuer Geschäfte in der Nachbarschaft. Heute kehren viele Einheimische, Touristen und Studenten in das schöne Szenecafé ein.

Kaffee richtig zuzubereiten, ist eine Kunst für sich. Frisch gemahlen wird das Pulver für einen Espresso vorbereitet (Mitte links) oder als Kaffee zu leckerem Kuchen ausgeschenkt.

Wann der Kaffee fertig geröstet ist, entscheidet der Röster selbst. Aussehen, Geruch und Oberflächenbeschaffenheit der Bohnen (links im Urzustand) verraten deren Röstgrad.

Mike Brettschneider (rechts) und dessen Mitarbeiter stehen gern für Wünsche der Gäste zur Verfügung.

Ins obere Stockwerk (oben links) können die Cafébesucher sich ebenfalls zum gemütlichen Plausch zurückziehen.

Gleich nebenan bereitet ein Bäcker frische, leckere Kuchen für den täglichen Cafébetrieb zu.

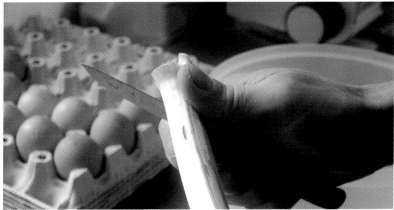

„Schmidtalien" in Dommitzsch

„Wir lieben, was wir tun, und wollen genau an dem Ort, wo wir leben, unsere Träume wahrmachen", bekräftigt Annett Schmidt, die mit ihrem zehnköpfigen Team rund um die Woche für ihre Gäste da ist. Ihr „Schmidtalien" war eigentlich marode und fast schon ruinös, als die Schmidts es erwarben. Man konnte durch das Dach bis in den Himmel schauen.

Die Vision der neuen Eigentümer, eine konkrete Projektidee und eine sich anschließende aufwändige Sanierung bescherte den Dommitzschern jenes besondere gastronomische Kleinod, das heute südländisches Flair in den kleinen, nordsächsischen Ort zaubert und sich mit seiner besonderen Küche und dem individuellen Ambiente bis weit über die Kreisgrenzen einen Namen gemacht hat.

Glücks-Moment: Italienflair in eine alte Stadtschule zaubern

„Unser ‚Schmidtalien' ist wie die Menschen, die es gestaltet haben und betreiben: offen und herzlich mit kulinarischem Verwöhnprogramm. Wir lieben unser Gasthaus mit seiner besonderen Geschichte. Es liegt zentral und dennoch ruhig direkt im Kirchhof der Marienkirche und unweit des Elberadweges und der Fähre. Die Glocken läuten nur zu besonderen Anlässen. ‚Schmidtalien' ist ein idealer Ausgangspunkt für abwechslungsreiche Unternehmungen wie Radtouren, Wasserwandern, Reiten oder Wandern durch den Naturpark der Dübener Heide. Von den Unternehmungen müde geworden, können Gäste gern bei uns nächtigen. ‚Schmidtalien' wurde 1806 als Schule erbaut und 2017 von uns liebevoll saniert. Es ist aus den Steinen des einstigen Kirchturmes erbaut worden, der vor Jahrhunderten abgerissen wurde und sich genau da befand, wo heute unser Wohnhaus, das einstige Pfarrhaus, steht. Wer hier schläft, taucht in ein wahrhaft historisches Ambiente ein. Die Füße stehen auf 200 Jahre alten Holzdielen, Lehmwände vermitteln zudem ein angenehmes Wohnklima. Im Martinikirchhof stand einst eine Kapelle der Jacobsbruderschaft. So können Gäste auf Wunsch auch zu unserem Jacobsweg pilgern. Wer mag, kann weitere Exkurse zur Reformationsstadt Wittenberg und Renaissancestadt Torgau mit Schloss Hartenfels und seiner ‚Dornröschentreppe' unternehmen."

Die Inneneinrichtung von Gasthaus und Pension vermittelt unverkennbar jene italienische Lebensart, die sofort gute Laune und ein Lächeln ins Gesicht zaubert. Gaststube, Küche und Nebenräume sind mit leichtem, hellem Holzmobiliar ausgestattet.

Historische Materialien wurden nach Möglichkeit im Haus belassen und an geeigneten Stellen wieder eingebaut. Holzdielen, Lehmwände, geschmackvolles nostalgisches Interieur und „Berliner Kachelöfen" vermitteln zudem das Gefühl, plötzlich eine ganz eigene, aber komfortable Zeitreise anzutreten.

http://schmidtalien.com

Zu Kaffee oder Cappuccino im „Schmidtalien"
gibt es selbstgebackene Kekse (oben links).
Das Küchenteam (Mitte) kreiert passend zu
den Jahreszeiten leichte, mediterrane Rezepte (gegenüber oben links).

Ausgedehnte Treffen können zwei Etagen darüber stattfinden. Der bis in die Dach-
spitze geöffnete und äußerst geräumige
Oberboden des einstigen Schulhauses (oben
und unten rechts und unten Mitte) lädt mit
rustikalem Mobiliar und einer langen Tafel
zum Feiern ein.

Die Zimmer des „Schmidtalien" sind eklektizistisch und individuell eingerichtet. Ein Stilmix aus antikem Mobiliar, gesammelten Funden und feinen Textilien zeigt ein feines Gespür für Leichtigkeit und Liebe zum Detail. Auf modernen Komfort brauchen die Gäste ebenfalls nicht zu verzichten. Ein besonderer Mix aus italienischem Flair und heimischer Behaglichkeit sowie die Nähe zu Kirche und Kirchhof vermitteln zudem das unbestimmte Gefühl, eine Zeitreise in eine längst vergessene Epoche anzutreten.

Glücks-Moment: Eigenes Bier brauen und ausschenken

Privatbrauerei Cliff Schönemann, Leipzig

Vor Jahren begann der Leipziger Cliff Schönemann damit, in der eigenen Küche Bier zu brauen. Der Betriebswirtschaftler arbeitete im Schichtdienst und suchte ein Hobby, das ihn glücklich macht.

Der erste Versuch gelang ihm so gut, dass er schon bald mit größeren Mengen und neuen Rezepturen experimentierte. Als er die Mengen an Zutaten und Behältnissen kaum noch die Treppen hochtragen konnte, begann er, über eine eigene kleine Brauerei nachzudenken. Fündig wurde der Leipziger ein paar Häuser weiter in einem Gewölbekeller in der Leibnizstraße. Er investierte in eigene Brauereitechnik und baute den Kohlenkeller nach eigenen Vorstellungen um. Heute braut Cliff Schönemann im großen Stil leckeres Bier für Kunden und Gäste und schenkt dieses auch am Tresen aus.

„Bier brauen ist so, als wenn man ein besonderes Menü zubereitet – wenn man selbst gern kocht, befasst man sich wahrscheinlich über kurz oder lang auch mit der Zubereitung leckerer Speisen und entsprechenden Rezepten. Beim Bier ist es ganz ähnlich. Einmal auf den Trichter gekommen, fängt man als Bierliebhaber und -brauer an, zu experimentieren und seinem Bier diesen oder jenen Geschmack zu verleihen. Dabei ist es anfangs gar nicht so wichtig, wie groß die Menge an Zutaten und Maische ist, die man ansetzt. Von Bedeutung sind die richtigen Mischungsverhältnisse an Hopfen, Malz und Hefe, die Einhaltung und Dauer der Gärprozesse und entsprechender Temperaturen, damit man genau das Bier bekommt, das man sich vorstellt. Wir brauen jetzt sechs Biersorten. Diese variieren, denn es gibt beim Bierbrauen grundsätzlich immer wieder neues zu entdecken. Unser Bier ist ein sogenanntes Zwickelbier, es wird nicht pasteurisiert und gefiltert. Es kommt naturtrüb aus dem Tank, wird in Bügelflaschen oder kleine Fässer abgefüllt und direkt am Tresen ausgeschenkt. Mittlerweile gehören auch einige Leipziger Hotels zur Stammkundschaft. Nicht nur die Leipziger, sondern auch viele Touristen finden mittlerweile den Weg zu uns in die Leibnizstraße und freuen sich zudem, dass sie dabei in das Waldstraßenviertel eintauchen (das ist eines der größten geschlossenen Gründerzeitviertel in Europa und ein Flächenarchitekturdenkmal) und zugleich frisches, gekühltes Bier direkt vom Hersteller bekommen."

Aus einem ehemaligen Kohlen- und Kartoffelkeller in Leipzigs Wald-straßenviertel ist eine kleine, aber feine Privatbrauerei entstanden. Beim Um- und Ausbau hat der findige Unternehmer selbst mit Hand angelegt und auch Brauereitechnik und Ausschank entstammen der eigenen Recherche- und Ideenkiste.

Die frischen Biere aus Cliffs Brauerei Leipzig schmecken gut (sie wurden beim Interview probiert), haben ein eigenes Label, werden in schöne, alte Bügelflaschen abgefüllt und gelangen am Tresen oder mit kleinen oder größeren Fässern zum Kunden.

www.cliffs-brauwerk-leipzig.de

Cliff`s Brauerei umfasst ein 500-Liter-Sudwerk. In sechs Gär- und Lagertanks werden unterschiedliche Sorten gebraut, die am Ende der Gärung und Kaltlagerung nach vier bis sieben Wochen in Flaschen und Fässer abgefüllt oder an die Gäste vor Ort in der gemütlichen Schankstube in der Leibnizstraße ausgeschenkt werden – natürlich unfiltriert, unbehandelt und mit dem Leipziger Wasser gebraut.

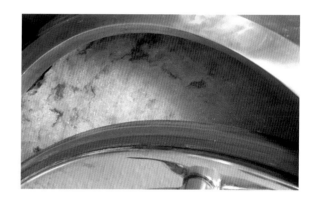

Die Vielfalt an Möglichkeiten bringt jeweils neue Biere hervor. Am Anfang überlegt der Brauer, welchen Bierstil er für den nächsten Sud umsetzen möchte. Dann schaut er sich Rezepte an und braut daraus sein ureigenes Bier, das durch Veränderung der Malz- und Hopfenanteile sowie der Hefe und Gärführung einen anderen Geschmack bzw. Charakter bekommt. Durch diese Veränderungen, verrät er, lassen sich die Sorten modifizieren. Ist eine „weggetrunken", folgt eine nächste, die wiederum neu und einzigartig schmeckt.

Glücks-Moment: Stadtnähe und ländliche Idylle

Schramms Landhaus in Dresden-Cossebaude

Als sie nach Dresden-Cossebaude zogen, war ihr kleines charmantes Landhaus noch der seit vielen Jahren verlassene Dorfladen. Im danebenstehenden langgezogenen Seitengebäude war eine alte, hölzerne Wäschemangel in Betrieb. Trotz alledem, so erzählen die Schramms, gab es viele Kaufinteressenten für das Haus. Stadtnähe und Dorfidylle gleichermaßen zu genießen, das sei immer schon ein besonderer Bonus gewesen. Der Mitarbeiter der Stadtverwaltung und die anatomisch-biologische Modellmalerin entschlossen sich deshalb spontan zum Kauf. Nach und nach bauten sie es zu dem aus, was es heute ist – ein schmuckes, romantisches Wohn- und Ferienhaus, in dem das vielseitig interessierte Dresdner Paar zudem auch Platz hat, seine Hobbys auszuleben und kreativ zu sein.

„Hier gibt es sie noch, die ländliche Beschaulichkeit. Ein Storch kehrt in jedem Frühjahr wieder zu uns zurück, um seinen Nistplatz zu besetzen. Es riecht nach Heu und Kornfeldern, die Stare sammeln sich im Herbst. Als wir hierher zogen, war das Haus schmucklos und ein Sanierungsfall, wie viele andere in der ehemaligen DDR. Doch es gab schon eine Reihe von Büschen und Blumen im Garten, die wir bis heute erhalten haben. Wer hier lebt, muss mit der Nähe der Elbe umgehen lernen. Zweimal erlebten wir, wie das Hochwasser unser Haus und das Umland überschwemmte. Aber wir werden mit einer unglaublich schönen Landschaft belohnt. Wir wohnen heute im Inneren des ehemaligen Dorfkonsums. Der hatte damals üblicherweise all das im Angebot, was die Leute zum Leben brauchten. Die alte hölzerne Wäscherolle, mit Feldsteinen schwer gefüllt, wurde noch bis in unsere Zeit von den Dorfbewohnern zum Wäschemangeln genutzt. Nach und nach haben wir das Grundstück so umgestaltet, dass wir nicht nur selbst, sondern zusammen mit Feriengästen Haus und Garten nutzen können. Mit unseren Urlaubern können wir sehr interessante Gespräche führen. Meist kommen sie aus der ganzen Republik und den angrenzenden Ländern. Hier können sie komfortabel wohnen. Auf der Terrasse kann man ruhen oder unter dem Apfelbaum sitzend dem Gesang der Vögel in den Volieren lauschen."

Aus dem einstigen Dorfladen in
Dresden-Cossebaude ist nach dem
Um- und Ausbau ein charmantes
Wohn- und Ferienhaus geworden,
das von Bäumen, blühenden Büschen
und Blumenbeeten eingehüllt wird.

Das naturnahe Grundstück wird
übers Jahr immer wieder von Feriengästen genutzt, die vor allem
die ländliche Beschaulichkeit und
die Nähe zum Elberadweg schätzen,
der direkt am Haus vorbeiführt.

www.landhaus-schramm.de

Das Landhaus bietet genügend Raum für kreative Ideen. Ein kleines Atelier nutzt die Hauseigentümerin für ihre Malerei und für ihre künstlerischen Experimente mit Farben. Die Vogelzucht ihres Mannes nimmt einen Teil des Nebengebäudes ein. Durch Umweltvernichtung gefährdete Vögel bekommen bei ihm die Chance, ihre Art zu erhalten. Sein umfangreiches Wissen gibt er als Buchautor an andere Vogelliebhaber weiter.

Glücks-Moment: Andere Menschen glücklich machen

Susann Schwanebecks Haarmanufaktur

„Suche dir einen Beruf, den du liebst, und du brauchst keinen Tag mehr zu arbeiten", steht auf der Facebookseite von Susann Schwanebeck. Wer in das noble Ambiente ihrer Haarmanufaktur in Dresden eintaucht, einen Kaffee angeboten bekommt und sich in die weich gepolsterten Sitze im Entree fallen lässt, ahnt bereits, dass dieser Spruch auch Programm ist. Die Haarmanufaktur hat ihren Sitz in einem ehemaligen Pferdebahnhof. Sich für den Umzug in das mehrstöckige Sandsteingebäude zu entscheiden, war ein großer Schritt für die Friseurmeisterin, die zwei kleinere Salons aufgab, um sich in einem größeren Ambiente zu verwirklichen.

„Glücklich bin ich dann, wenn ich wiederum andere glücklich machen kann. Es ist einfach wunderbar, in diesem großzügigen Ambiente zu arbeiten, Licht, Luft und Sonne zu haben. Für mein Unternehmen war es wichtig, dass wir uns weiterentwickeln können. Und dafür benötigen wir genügend Platz. Eine Freundin erzählte mir von dem ehemaligen Pferdebahnhof, der saniert worden war, danach als Verwaltungsgebäude diente und letztlich leer stand. Als ich das erste Mal hier eintauchte, erschien mir das Ganze eigentlich viel zu groß. Aber dann ließ ich verschiedene Ideen im Kopf entstehen und das neue Projekt nahm Stück für Stück Gestalt an.

Eine niveauvolle, natürliche und ganzheitliche Behandlung ist hier möglich mit Kosmetik, Typberatung, Zweithaar (Perücken), Massagen und natürlich ein Friseurhandwerk, das keine Wünsche offenlässt. Modischen Trends folgen wir eher nicht oder nur dann, wenn es ausdrücklich gewünscht wird.

Es ist vielmehr reizvoll, das Schöne und Einzigartige aus einem Menschen herauszuholen, seinen Typ kennenzulernen, anhand der Haut- und Augenfarbe die passende Haarfarbe zu kreieren. Wenn ein Gast unser Haus verlässt, strahlt, natürlich und schön aussieht, sich in der eigenen Haut wohlfühlt, dann haben wir alles richtig gemacht."

Heute beherbergt das Domizil in der Tolkewitzer Straße einen modernen Friseursalon, der auf insgesamt zwei Etagen Raum gefunden hat. Das Ambiente ist historisch: Schon 1872 war das Areal in der Tolkewitzer Straße Ausgangspunkt für die erste Dresdner Linie zwischen Blasewitz und Plauen und gab der benachbarten Bahnhofstraße ihren Namen. Als ab 1900 elektrisch betriebene Straßenbahnen die Pferdebahnen ablösten, wurden die neuen Transportwagen ebenfalls an der Tolkewitzer Straße untergestellt. Für diese baute man 1925 eine Spannbetonhalle. Ab 1936 wurde diese als Busbahnhof genutzt.

www.haarmanufaktur-dresden.de

Bei der Inneneinrichtung ihrer Haarmanufaktur setzt die Unternehmerin (unten, rechts außen) vor allem auf natürliche Farben.

Ein frisches Grün dominiert und assoziiert mit der naturnahen Umgebung. Der Ausblick aus den Salons auf die Stadt und auf den Elbhang ist ebenfalls idyllisch und grün.

Die großzügige und denkmalgeschützte Architektur des einstigen
Pferdebahnhofes mit riesigen
Sprossenfenstern und imposanten
Sandsteinelementen passt sehr gut
zum anspruchsvollen Konzept des
Unternehmens und inspiriert Fotografen immer wieder zu neuen Fo-
toshootings (unten links).

Die Inneneinrichtung wurde so
gewählt, dass sie dem hellen,
lichten Ambiente gerecht wird.
Chefin, Mitarbeiter und Gäste sollen eintauchen, sich wohlfühlen
und dieses Gefühl auch mit nach
Hause nehmen.

Feriendomizile der Familie Sens in Torgau

„Wir haben das Glück und Vergnügen, historisch einzigartige Häuser der Renaissancestadt Torgau unter unseren Händen wieder lebendig werden zu lassen." Arlett und Wolfgang Sens begannen vor 20 Jahren als Liebhaber alter Bausubstanz mit der Sanierung des alten Küsterhauses unweit des Schlosses Hartenfels. Der rege Austausch mit den Denkmalschutzbehörden brachte mit den Jahren weitere jahrhundertealte Bürgerhäuser auf den Plan, deren Fortbestehen nun in ihre liebevollen Hände gelegt wurde, um ihnen durch viel Zuwendung und Ideenreichtum zu einem neuen Leben zu verhelfen. Und weil man nicht in allen Häusern gleichzeitig wohnen kann, entstand die Idee, besondere Übernachtungsmöglichkeiten für Besucher der Stadt zu schaffen, die sowohl ökologisch als auch historisch und kunstvoll sind.

Glücks-Moment: Renaissance alter Bürgerhäuser erleben

„Wir haben bei der Wiederherstellung der Häuser jahrhundertealte Holzbalken, Dielenböden, Wandmalereien und überraschend sogar eine Küche aus der Renaissancezeit entdeckt. Eine Kuriosität sind zwei miteinander verschmolzene Bürgerhäuser - das vermutlich älteste Fachwerkhaus von Torgau sowie das kleinste noch erhaltene Haus der Stadt. Wir legen besonderen Wert darauf, die alte Bausubstanz zu erhalten. Durch die Kombination historischer und moderner Elemente entsteht zudem ein besonderes Wohnerlebnis für unsere Gäste. Parallel sind wir auch im Verein für Denkmalpflege der Stadt Torgau engagiert. Dieser hat mit dem Spalatinhaus und dem Handwerkerhaus ebenfalls hochrangige Objekte saniert, welche die besondere Historie des 1000-jährigen Torgaus aufzeigen und als Museen besichtigt werden können.

Torgau ist eine Reise wert. Gäste, die zu uns kommen, finden eine an Kultur und Kunst reiche Stadt vor und können zudem zu Fuß oder per Rad die landschaftlich reizvollen Elbauen genießen. Torgau war einst Hauptresidenz der ernestinischen Kurfürsten und ein Zentrum der Reformation. Zu finden sind hier unter anderem Sehenswürdigkeiten wie das Sterbehaus von Luthers Ehefrau Katharina von Bora. Ihr Grab ist in der St. Marien Kirche zu finden. Dies ist die erste protestantische Kirche weltweit, welche von Luther selbst eingeweiht wurde."

Im Haus des früheren Abtes von Doberlug (oben links) hat die Kanzlei Sens in historischem Ambiente Platz gefunden. Desweiteren sind einzelne Räume der Apartments zu sehen. Das Wohnen in den authentisch eingerichteten Mauern lässt Gäste zugleich in das Lebensgefühl vergangener Epochen eintauchen. In wenigen Gehminuten sind die Marienkirche, Schloss Hartenfels mit der ersten protestantischen Kirche und dem Wendelstein erreichbar. Auch das Bürgermeister-Ringenhain-Haus, das Spalatinhaus und das Handwerkerhaus sind eine Empfehlung des Gastgeberpaares.

www.ferienwohnung-torgau.de

Last but not least: weitere acht Glücks-Momente

Töpfern im Atelier, umgeben von Natur	Katie Staer, Töpferfee am Rande von Zwickau	Seiten 208 – 211
Den schönsten Tag des Lebens zelebrieren	JS HimmelsStürmer, Freie Trauung mit Julia Steglich	Seiten 212 – 213
Einmal die Seele baumeln lassen	Ferienhaus der Familie Stoppel in Mahlitzsch	Seiten 214 – 215
In der Mitte des Lebens noch einmal loslegen	Strohhutmanufaktur der Familie Fischer in Dresden-Lockwitz	Seiten 216 – 219
Nachhaltige Spiel-(t)räume schaffen	Familie Thomas in Gommern bei Heidenau	Seiten 220 – 221
Das Haus der Mutter mit neuen Ideen beleben	Apartments von Uwe Ulbrich in Meißen	Seiten 222 – 225
Undine-Serie neu aufleben lassen	Labor von Winnie Hortenbach in Leipzig	Seiten 226 – 229
Französisches Flair in die Weinberge bringen	Hotel „Villa Sorgenfrei" in Radebeul	Seiten 230 – 235

Glücks-Moment: Töpfern im Atelier, umgeben von Natur

Kati Staer, Töpferfee am Rand von Zwickau

Glücklich ist Kati Staer, wenn sie in ihr eigenes Refugium gleich neben dem Wohnhaus eintaucht, um zu töpfern. Die Eigentümerin eines naturnahen, großen Grundstückes am Rande von Zwickau hat dieses mit ihrem Mann erworben, um endlich ankommen und das tun zu können, was ihrer Seele entspricht. Lange Zeit hatte sie ein Ladengeschäft am Rand von Zwickau. „Es ist traumhaft, nun in Ruhe und mitten in der Natur arbeiten zu können", schwärmt die kreative Frau, der man die 45 auch auf den zweiten Blick nicht ansieht.

„Was mich besonders froh macht: dass eigene Ideen unter meinen Händen Gestalt annehmen dürfen. Inspiration finde ich bei Freunden und Weggefährten, die sich mit altem Wissen und traditioneller Symbolik befassen, und natürlich bei langen Spaziergängen in der Natur. Das stärkt nicht nur mich selbst, sondern auch jene, die meine Dinge mögen und erwerben.

Ein Lieblingsplatz in meinem Atelier ist der am Fenster mit Blick auf Wiese, Bäume und die Weite der Landschaft. In der Nähe habe ich auch einen ganz besonderen Kraftplatz, an dem ich mich erde und zur Ruhe komme.

Wie wir leben: in einem kleinen Haus, das mein Mann und ich erworben und mit eigenen Händen liebevoll um- und ausgebaut haben. Natürlich ist noch viel zu tun, aber gerade das Erschaffen von Neuem mitten in der Natur ist das, was uns freut.

In meiner Freizeit kommen Freunde, die hier bei mir einen Ort der Ruhe und eine Oase gefunden haben und gern gemeinsam mit mir Zeit verbringen und töpfern. Mein Lebensgefühl: Lass Liebe, Frieden, Freude und Freiheit in dein Leben. Genieße das, was du hast, und gib auch anderen etwas davon ab. Hab Vertrauen in die Kraft der Natur und in die Natur der Dinge."

Die Töpferin Kati Staer arbeitet
mit Tonplatten, die sie mit einer
Walze formt. Ihre Symbole werden
vorher auf Stempel geprägt, damit
sie entsprechend vervielfältigt
werden können.

Symbole und Motive aus der Natur,
die uralten Riten und traditionellen Überlieferungen entstammen, verleihen den von Hand
getöpferten Stücken einen
einzigartigen Charakter.

www.toepferfee.de

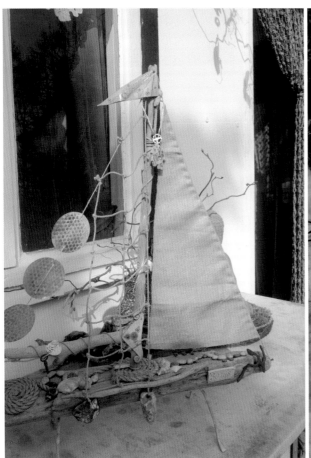

Gegenüber: Die Werkstatt der Töpferfee Kati Staer liegt am Rand von Zwickau, umgeben von viel Grün mitten in einem großen Garten. Fundstücken wie einem Treibholz unterm selbstgefertigten Segelboot (gegenüber unten links) verleiht sie ein zweites Leben.

Medaillons und Anhänger mit einer besonderen Symbolik gewähren ihren Trägern Kraft, Liebe und Schutz.

Diese Seite: Kunstvolle, farbenfrohe Keramiken aus der eigenen Werkstatt bringen Nischen und Ecken in Haus, Hof und Garten zum Leuchten.

JS HimmelsStürmer, freie Trauung mit Julia Steglich

Eine warme Julisonne scheint auf die Wiese an der Leithenmühle im Schanzenbachtal bei Leisnig. Festlich gekleidete Leute treffen ein, nehmen nach und nach Platz. Musik ertönt. Die Braut trifft ein. Traditionell wird sie von beiden Vätern am Arm zum Bräutigam begleitet. Eine junge Frau betritt das Szenario und beginnt zu sprechen. Sie begleitet das Brautpaar und die Hochzeitsgesellschaft durch Etappen des Lebens derer, die sich das Jawort geben. Die Gäste lauschen, schmunzeln bei der einen oder anderen Anekdote. Es ist eine freie Trauung, die von der Jungunternehmerin Julia Steglich zelebriert und begleitet wird. Freie Trauungen, so erzählt sie, werden so schon länger in den USA angeboten und erfreuen sich jetzt auch hierzulande immer größerer Beliebtheit.

Glücks-Moment: Den schönsten Tag des Lebens zelebrieren

„Als gebürtige Dresdnerin habe ich einige Jahre meines Lebens in Potsdam und Berlin verbracht. Glücklich verheiratet, wohne ich nun mit meiner Familie auf dem Land zwischen Dresden und Leipzig. Ich liebe besondere Zitate und romantische abendliche Lagerfeuer. Alltag und Beruf gehen bei mir direkt ineinander über: Meinen Job (ich bin sowohl Hochzeits- als auch Trauerrednerin) übe ich mit ganzer Leidenschaft aus.

Ich mag den Satz von Soren Kierkegaard: ‚Die Ehe ist und bleibt die wichtigste Entdeckungsreise, die der Mensch unternehmen kann.‘ Schon deshalb liebe ich es, Menschen am schönsten Tag ihres Lebens zu begleiten oder Paaren, die ihr Jawort noch einmal erneuern möchten, einen würdigen Rahmen zu geben. Es macht mich froh und glücklich, einen solchen Anlass zusammen mit Hochzeitspaar und Gästen zu zelebrieren. Paare haben dabei alle Freiheiten, ihren besonderen Tag zu gestalten: an einem Ort, der für sie eine ganz eigene Bedeutung hat, mit den Menschen, die ihnen am Herzen liegen und mit Ritualen, die ihren gemeinsamen Weg kennzeichnen.

Ich halte die freie Trauung für eine wundervolle Alternative für all jene, die einen neuen und unkonventionellen, und trotzdem würdigen und festlichen Weg suchen, um zu heiraten oder das Eheversprechen zu erneuern."

Das Brautpaar (oben) kurz vor Beginn seiner freien Trauung unterm strahlend blauen Sommerhimmel. Es hat sich als festlichen Rahmen die Sommerwiese der Leithenmühle im Dorf Brösen bei Leisnig ausgesucht. Begleitet wird die freie Trauung von der Hochzeitsrednerin Julia Steglich (gegenüber).

Glücks-Moment: Einmal die Seele baumeln lassen

„Unser Zuhause liegt ruhig und mitten im Grünen. Wir sind glücklich, hier zu wohnen, und unseren Lebensraum mit Anderen zu teilen.

Ferienhaus der Familie Stoppel in Mahlitzsch

Als der Landschafts- und Gartenplaner Hans-Georg Stoppel beruflich in Nordsachsen zu tun hatte, entdeckte er die Schönheit der Dübener Heide. Später zog seine Ehefrau Friederike mit den zwei Söhnen hinterher. Der Wunsch nach einem eigenen Hof war geweckt. Fündig wurden sie in Mahlitzsch bei Dommitzsch. In Elbnähe und naturnah gelegen, bot das zum Verkauf stehende und um 1900 erbaute Anwesen alles, was sie sich erträumt hatten. Grau und trist war es damals zwar, das Potenzial war jedoch für das handwerklich versierte Paar erkennbar. Eine ganze Weile wohnten, lebten und arbeiteten sie in einem Provisorium, bauten für sich selbst die große, alte Scheune um und aus, und schufen zudem Wohnraum für eine Freundin. Diese zog später fort – heute ist deren Domizil ein behagliches Ferienhaus, in dem Urlauber ausspannen können.

Wer hier ankommt, staunt über die Stille, lauscht den Vögeln im Garten, will früh aufstehen und schläft dann doch bis in die Puppen. Mitten im Grünen ist das Haus auch für Tierliebhaber und Hundehalter gut geeignet. Urlaub ist letztlich dazu da, die Seele baumeln zu lassen. Unser Ferienhäuschen mit eigenem Garten am Rande der Dübener Heide ist so eingerichtet, wie auch wir leben: gemütlich, behaglich und mit allem ausgestattet, was zu einem längeren Aufenthalt dazugehört. Es ist insbesondere für Naturliebhaber geeignet, die in ausgedehnten Wanderungen die Dübener Heide erkunden oder sich in den Elbauen den Wind um die Nase wehen lassen möchten."

Lehm, Holz und Stein sind die natürlichen Materialien, aus denen das Ferienhäuschen in Mahlitzsch errichtet und mit denen es auch saniert wurde. Eingehüllt von üppigem Grün, ist es ein wundervolles Refugium für all jene, die naturnah und unkompliziert mit Kindern und Familienhund ausspannen und Ferien machen möchten. Das Haus wurde einst von einem Schäfer bewohnt. Die Stoppels haben es mit viel Liebe zum komfortablen Ferienhaus um- und ausgebaut und darin für ihre Gäste behaglichen Lebensraum geschaffen.

https://fewomahlitzsch.wordpress.com/

Strohhutmanufaktur der Familie Fischer in Dresden-Lockwitz

Carola und Maik Fischer suchten in der Mitte des Lebens eigentlich nur nach einem kleinen Häuschen. Ihr Herz verlor die Familie dann an die einstige Strohhutmanufaktur nebst neoklassizistischer Villa in Dresden-Lockwitz. Die Größe und der marode Zustand des Gebäudeensembles aus der Mitte des 19. Jahrhunderts schreckte sie nicht ab: „Dieses Dornröschenschloss erwecken wir zu neuem Leben", beschlossen sie. Denkmalschutz und eine Eigentümergemeinschaft erschwerten das Vorhaben zwar, aber einmal verzaubert, ließen die Fischers nicht locker: „Hier möchten wir leben und später in historischen Ferienapartments Gäste an Dresdner Geschichte teilhaben lassen." Gesagt, getan. Heute erstrahlen Villa und Manufaktur in neuem Glanze. Die Familie lebt im Vorderhaus, in der ehemaligen Manufaktur entstehen schmucke Feriendomizile.

Glücks-Moment: In der Mitte des Lebens noch einmal loslegen

"Es ist wunderbar für uns vier, dass wir ständig neue, interessante Leute in unserer Strohhutmanufaktur begrüßen dürfen. Viele sind überrascht, dass es sich tatsächlich um eine solche handelt. Die Manufaktur wurde Mitte des 19. Jahrhunderts errichtet und arbeitete bis zur Weltwirtschaftskrise erfolgreich. Danach diente sie als Wohnraum, zeitweise auch als Kindergarten. Als wir das Ensemble übernahmen, war es für uns die Erfüllung eines lang gehegten Traums und zugleich auch eine riesige Herausforderung. Es gab sehr viel zu tun, aber wir waren uns einig: Das ist genau das Richtige für uns! Zuerst begannen wir, die Villa zu einem gemütlichen Zuhause für uns umzubauen. Später haben wir die ehemalige Manufaktur mit Ferienwohnungen zu neuem Leben erweckt. Nicht selten kommen alteingesessene Lockwitzer zu uns auf den Hof und erzählen von alten Zeiten. Auf gute Handwerksfirmen konnten wir zählen, die meisten Umbauten und Ideen haben wir vier mit eigenen Händen verwirklicht. Das bauliche Potential ist schier unerschöpflich und inspiriert uns immer wieder, ausgefallene Ideen umzusetzen. Viele Möbel haben wir selbst entworfen oder nach unseren Vorstellungen umgestaltet, manches stammt von Antikmärkten. Dabei reizt uns der Stilmix, Modernes und Antikes zu vereinen. Manchmal sagen unsere Gäste, dass es bei uns fast noch schöner ist als bei ihnen zu Hause und nehmen die eine oder andere Inspiration mit. Das ist wohl das größte Kompliment."

Ein romantisches, von Rosen und Hortensien umsäumtes Anwesen präsentiert sich den Gästen, die in der Strohhutmanufaktur ankommen und von Carola und Maik Fischer (unten) herzlich begrüßt werden.

Das Paar hat mit dem Um- und Ausbau der Häuser seinen Traum wahr gemacht und freut sich, wenn Feriengäste diesen mit ihnen teilen.

Das traumhafte Grundstück liegt mitten im grünen Dresdner Stadtteil Lockwitz. Bis zum Stadtzentrum fährt man nur wenige Minuten.

www.strohhutmanufaktur-dresden.de

Ein wahrhaft herrschaftliches und zugleich behagliches Ambiente ist durch den besonderen Stil der Eigentümer entstanden. Die Räume in der unteren Etage des Haupthauses wurden geöffnet, wodurch ein großzügiger, heller Wohnbereich entstanden ist. Türen und Fenster wurden aufwändig saniert. Viele der Möbel sind Fundstücke von Antikmärkten. Komplettiert werden sie mit neuen Anschaffungen und den originellen Einfällen der Hauseigentümer, deren handwerkliches Geschick an allen Ecken und Enden spürbar wird.

Familie Thomas in Gommern bei Heidenau

Sie wohnen und arbeiten zusammen mit Eltern, Schwager, Schwägerin, Geschwistern und Kindern in einem schönen, alten Bauernhof in Gommern bei Heidenau am Rande von Dresden. Idyllisch und doch stadtnah gelegen, bietet das große Anwesen den Eigentümern alles, was sie zum Leben brauchen. Immer noch wird gebaut, das große Grundstück um weiteren Wohnraum erweitert. Ihre eigenen Ideen setzen die Garten- und Landschaftsarchitektin und der Produktdesigner in Kreationen für Erlebniswelten und Spielplätze um. Die Grundidee, so Tom Thomas, entsteht oft schon bei Gesprächen und Telefonaten im Kopf und flüchtig auf dem Skizzenblock. Später folgen detailgenaue Zeichnungen und selbstgebaute Modelle, die zunächst mit Papier und Pappe und danach meist mit Holz umgesetzt werden.

Glücks-Moment: Nachhaltige Spiel-(t)räume schaffen

„Wir leben hier zusammen mit unseren Eltern sowie meiner Schwester und Familie. Den Hof haben wir mehr oder weniger durch Zufall gefunden. Meine Eltern hatten ihre Glaserei vor Ort und erfuhren davon, dass das Anwesen zum Verkauf stand. So erwarb meine Schwester zunächst Haus und Hof und fragte mich, ob ich mit beim Um- und Ausbau helfen möchte. Ich sagte zu. Heute sind wir hier drei Familien und gerade dabei, für uns selbst weiteren Wohnraum, Werkstatt und Atelier zu schaffen.

Unser Glück ist, dass wir perspektivisch genügend Platz und alles unter einem Dach haben. Schön ist auch, dass wir uns mit Dingen beschäftigen, die uns am Herzen liegen. Nach meinem Studium habe ich für eine Weile Erfahrungen beim Modellbau in Einsiedel in der Lausitz sammeln können. Danach habe ich mich selbständig gemacht, um eigenen Ambitionen zu folgen. Ich wollte nicht nur am Schreibtisch sitzen und seelenlose Dinge kreieren, sondern mit meinen Händen und draußen in der Natur eigene praktische Erfahrungen sammeln. Spielplätze und Erlebniswelten, die ich zusammen mit Auftraggebern und weiteren Kunsthandwerkern und Künstlern gestalte, entstehen meistens schon im Kopf bei und nach ersten Gesprächen und Anregungen. Unser Anspruch: Sie sollen ästhetisch anspruchsvoll sein, sich harmonisch in die Umgebung einfügen, aus nachhaltigen Materialien bestehen und natürlich Freude und Inspiration bringen.“

Das bunte und lebendige Kin-
dergartenprojekt im Heimatort
Gommern ist eines, das der
Produktdesigner und Landschafts-
gestalter Tom Thomas entworfen und
umgesetzt hat. Verschiedene Spiel-
und Kletterbereiche gehen dabei
ineinander über und lassen die
Kinder in immer neue Erlebniswelten eintauchen. Holz, Segeltuch,
Gras und Steine bilden eine homo-
gene, natürliche und ästhetisch
anspruchsvolle Einheit.

Asymmetrische Gestaltungselemente
verleihen dem Ganzen zudem etwas
Märchenhaftes und Abenteuerliches.

www.tom-thomas.de

Glücks-Moment:
Das Haus der Mutter
mit neuen Ideen beleben

„Wir sind froh, dass wir uns für Meißen und mein Elternhaus entschieden haben. Der Weg bis zum eigenen Apartmenthaus war lang und steinig. Eine Weile haben wir in Holland, dann auch in Brasilien gelebt. Wenn man so weit herumkommt, weiß man die Sicherheit im eigenen Land zu schätzen.

Zunächst haben wir die Etagen im Haus meiner Mutter saniert, die Wohnungen um- und ausgebaut und vermietet. Dann haben wir uns entschieden, Touristen aus dem In- und Ausland Ferienwohnungen anzubieten. Der Bedarf nach Quartieren in Meißen ist nach wie vor groß und es lohnt sich, in dieser Branche zu investieren.

Noch heute erinnere ich mich, wie die Küche, das Wohnzimmer, mein Kinderzimmer ausgesehen haben. Früher habe ich die landschaftlich schöne Umgebung nicht so würdigen können. Heute ist es schön, von ganz oben übers Land zu schauen. Wir schätzen es sehr, dass wir uns hier unser Leben so gestalten können, wie wir möchten, und dass Stück für Stück die Vorstellung von der eigenen Existenz Gestalt annehmen kann. Das Haus meiner Eltern und Großeltern weiterzuführen, ist eine ganz besondere Herausforderung. Es wurde um 1900 erbaut, jedes Jahr stockte man es um eine weitere Etage auf, an den Treppenstufen sind heute noch die Jahreszahlen erkennbar."

Apartments von Uwe Ulbrich in Meißen

Der Ökonom Uwe Ulbrich aus Meißen hat ein bewegtes Leben hinter sich. In jungen Jahren versuchte er erfolglos, die innerdeutsche Grenze zu überwinden, geriet in die Hände der damaligen Staatssicherheit und wurde gezwungen, das Land zu verlassen. Nur kurz war der Aufenthalt bei seiner Großmutter an der deutsch-holländischen Grenze. Letztlich gründete der Sachse unweit in Holland eine eigene Existenz und lebte Jahre lang dort. Seine heutige Frau lernte er bei einem Urlaub in Brasilien kennen und lieben und zog mit ihr 2007 zurück nach Meißen ins Elternhaus. Einmal angekommen, begann der handwerklich versierte Eigentümer, Haus und Hof zu sanieren. Heute bietet er Touristen Ferienappartements an und ist froh über den guten Zuspruch.

Um 1900 als Mehrfamilienhaus
erbaut, ist das „Noaks" in Meißen
heute ein freundliches, von Blumen und Pflanzen bewachsenes und
beranktes Apartmenthaus. Der Eigentümer baut es mit eigenen Händen um und aus und freut sich
über jeden neuen Fortschritt. Mit
seiner Geschichte und seiner besonderen Atmosphäre verkörpert
das Domizil in der Jahnastraße
die ursprüngliche Meißner Lebensart. Haus und Hof sind begrünt
und laden zum Verweilen ein.
Aus den Wohnungen in den oberen
Stockwerken kann man weit übers
Land schauen.

www.nooaks.com

Was sich früher eher nüchtern und zweckgebunden präsentierte, verwandelt sich nach und nach in ein großzügiges, mediterranes Ambiente. Der Eigentümer hat die bestehenden Apartments modernisiert und mit hellen, freundlichen Farben gestaltet.

Zudem hat er Balkone an die Quartiere angebaut, damit die Gäste den Ausblick in die landschaftlich schöne Umgebung genießen können. In der oberen Etage hat das Paar, das längere Zeit in Holland und Brasilien lebte, selbst seine Wohnung eingerichtet.

Labor von Winnie Hortenbach in Leipzig

Wer von den reiferen Jahrgängen kann sich nicht an die wenigen, aber markanten DDR-Kosmetikmarken wie „Schwarzer Samt", „Arctis" oder „Undine" erinnern. Letztere, so erzählt die Chemikerin Winnie Hortenbach aus Leipzig, war durch ihren kräftigen Apfelduft bekannt und nur in teuren Exquisitläden erhältlich. Bei ihrer Tätigkeit in der Entwicklung von Florena-Produkten stieß die junge Leipzigerin erneut auf den Duft ihrer Kindheit und als sie dann später erfuhr, dass der Markenname abgemeldet ist, erstand sie ihn. Einige berufliche Stationen passierte die diplomierte Chemikerin noch, bis sie sich entschloss, eine eigene Firma zu gründen und mit der Serie „Undine" den Duft von grünen Äpfeln neu aufleben zu lassen. Sie gründete ein eigenes Labor in Leipzig und entwickelte neben Auftragsarbeiten für bekannte Marken ihre erste eigene Naturkosmetikserie.

Glücks-Moment: Undine-Serie neu aufleben lassen

„Seit ich den Fuß zum ersten Mal über die Schwelle der Kosmetikindustrie gesetzt habe, lässt mich die Branche nicht mehr los. Meine Überzeugungen in meiner eigenen Marke zu verwirklichen, das ist ein langgehegter Lebenstraum. Den Undine-Duft lernte ich wieder neu kennen, als ich vor Jahren in der Entwicklung von Kosmetika bei Florena in Waldheim tätig war. Die Historie ist lang, die Rezepturen spannend. Bereits 1976 war mit den Entwicklungsarbeiten zu einer dem damaligen Zeitgeist entsprechenden Apfelduft-Charge begonnen worden. Der grüne Apfel war Leitbild der Undine-Serie – ein Synonym für Einfachheit, Regionalität und Frische.

Genau diesen Gedanken haben wir 2014 neu aufgenommen und weiterentwickelt. Für uns ist es vor allem wichtig, eine natürliche und gut verträgliche Kosmetik auf den Markt zu bringen, die ohne unnötige Zusatzstoffe auskommt. Der Apfel ist wie damals nicht nur Namensgeber der Serie, sondern spiegelt sich in der Gesamtheit der Rezepturen wider. Wie beim Obst soll die Haut prall und gut versorgt werden, die Produkte mit ihrer Feuchtigkeit unseren Körper beschützen. So enthält jedes Produkt der Serie den Apfelduft auf Grundlage natürlicher ätherischer Öle sowie Apfelsaft von regionalen Erzeugern aus kontrolliert biologischem Anbau für die Gesunderhaltung der Hautbarriere. Enthalten sind auch fein abgestimmte Inhaltsstoffe, welche unsere Hautfeuchtigkeit bewahren und fördern."

Ingredienzen aus der Natur zu
einer neuen, innovativen und gut
verträglichen Kosmetik zu vereinen, das ist das Credo von Winnie
Hortenbach aus Leipzig. Mit der
Neuauflage der traditionellen Undine-Serie aus der ehemaligen DDR
hat die Chemikerin den Nerv der
Sachsen getroffen.

Weitere Naturkosmetika sollen
folgen, kündigt sie an. Diese
sollen vor Ort im Labor künftig
speziell auf die jeweiligen Bedürfnisse der Kunden abgestimmt
und entwickelt werden.

www.undine-kosmetik.de

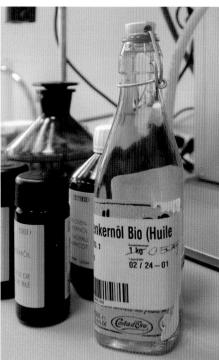

Ins Labor der Leipziger Chemikerin einzutauchen und sie bei der Entwicklung eines neuen Produktes zu begleiten, das ist spannend und inspirierend zugleich. „Bauerngarten" haben wir das Produkt getauft, das beim Reden, Fotografieren und Düfte schnuppern wie durch Zauberhand entstanden ist. Die leichte, aber reichhaltige Lotion duftet zart nach Sommer und Rosen, was der neuen Pflegeserie auch den Namen und uns spontan Ideen für ein neues, von Rosen beranktes Label geliefert hat.

„Villa Sorgenfrei", Hotel in Radebeul

Der Sternekoch und Unternehmer Stefan Hermann betreibt mit seinen Restaurants und zahlreichen Projekten eine eigene Genusswelt in Dresden. Das Hotel „Villa Sorgenfrei" in Radebeul liegt dem umtriebigen Geschäftsführer besonders am Herzen: „weil es so schön und individuell ist, und die Kleinteiligkeit dazu animiert, etwas ganz Besonderes in den opulent eingerichteten Räumen und im angrenzenden Park zu zelebrieren." Vor über einem Jahrzehnt bekam der Unternehmer, der seine Wurzeln in Schwaben hat, die Möglichkeit, ein Event im um- und ausgebauten Winzerhaus in der Augustusstraße auszurichten.
Da hatte er sich bereits in das schöne Gebäude verliebt. Als er die Chance bekam, das Anwesen als Hotel zu betreiben, überlegte er nicht lange. Heute ist das Hotel eines der schönsten historischen Weingüter in der Lößnitz .

Glücks-Moment: Französisches Flair in die Weinberge bringen

„Die Schönheit der Villa Sorgenfrei lässt sich für mich bzw. für uns, die wir hier tätig sind, schwer in Worte fassen – man muss sie selbst erleben. Ihre Mauern erzählen Geschichten längst vergangener Tage und mit den historischen Wandmalereien und kostbaren Einrichtungsdetails, dem alten Baumbestand und der Ruhe, die sie umgibt, scheint sie tatsächlich ein wenig aus der Zeit gefallen zu sein. Doch genau darin liegt ihr besonderer Charme. In 14 individuellen Zimmern und zwei Suiten, bei einem Abendessen im Atelier Sanssouci oder einem Ausflug in die reizvolle Umgebung der Weinberge bleibt Zeit für das Wesentliche – für Erholung, Genuss und Zweisamkeit. In der circa 7000 Quadratmeter großen, historischen Parkanlage findet jeder einen Patz zum Entspannen. Freigelegte Wandmalereien, historische Fußböden, individuelle Grundrisse – keines unserer Zimmer gleicht dem anderen.

Das Restaurant ‚Atelier Sanssouci' empfängt die Gäste mit einer modernen französischen Küche und wurde in den Restaurantführern mehrfach ausgezeichnet. Die Sächsische Weinstraße, der Elberadweg, Moritzburg, Meißen und Dresden mit seinen Kunst- und Kulturschätzen liegen in direkter Umgebung. Wer mag, kann hier tagen, feiern oder einfach nur die Seele baumeln lassen, einfach – wie der Name schon verspricht – sorgenfreie Stunden und Tage verbringen."

Einst schlossartiges Herrenhaus und repräsentativer Sommersitz des Freiherrn von Gregory, heute romantisches Hotel: Seit 2015 wird das in eine knapp 7000 Quadratmeter große Parkanlage eingebettete Kleinod vom Dresdner Spitzenkoch Stefan Hermann betrieben, der sich mit seinem Sterne-Restaurant „bean&beluga" einen Namen gemacht hat. Mit ihrer Lage in der Villen- und Gartenstadt Radebeul, zwischen Elbe und Weinbergen und nur fünf Kilometer von Dresdens Innenstadt entfernt, gilt die Villa Sorgenfrei als eines der schönsten historischen Weingüter der Lößnitz.

www.hotel-villa-sorgenfrei.de

Blick in den Garten, den Weinkeller, den Garten-
saal sowie in eines der romantischen Himmel-
reich-Zimmer unter dem Dach – zwei Weltkriege
hat die Villa im Laufe der Jahrhunderte unbe-
schadet überstanden und so nagte lediglich der
Zahn der Zeit an ihr. Welch großes Glück, dass
dieses kulturhistorisch so wertvolle Ensemble
dank der Reprivatisierung in den 1990er Jahren
mit viel Liebe und Geschick original- und de-
tailgetreu rekonstruiert und restauriert wurde.

Ganz besonders romantisch ist das Hotel auch im Winter – im warmen, gemütlichen Inneren stehen nach einem ausgedehnten Spaziergang durch den Schnee insgesamt 14 individuell und im Stil des ausgehenden 18. Jahrhunderts eingerichtete Doppelzimmer sowie zwei Suiten in einem separaten Gebäude zur Verfügung. Wieder freigelegte Wandmalereien, gemütliche Holzdielen und historische Sandsteinböden verleihen ihnen einen einzigartigen Charakter.

Bezugsquellen

08 – 11
Tinas Café
Körnerplatz 14
04720 Döbeln
Tel.: 03431 6065052
Funk: 0151 50172979
www.facebook.com/tinascafe14

12 – 15
Pension zur Königlichen Ausspanne
01326 Dresden
Eugen-Dieterich-Str. 5
Tel.: 0351-2689502
www.koenigliche-ausspanne-dresden.de

16 – 21
Baldauf Villa
Leiterin: Constanze Ulbricht
09496 Marienberg
Anton-Günther-Weg 4
Tel.: 03735 22045
www.baldauf-villa.de
sowie
Benita Martin
ADA Dimensionsmalerei®
09125 Chemnitz
Veit-Stoß-Str. 13
Tel.: 0371 50131
www.benitamartin.de

22 – 25
Atelier Schloss Batzdorf
Bettina Zimmermann
Schlossstraße 2
01665 Klipphausen OT Batzdorf
Tel.: 03521 4172503
www.atelier-schloss-batzdorf.de

26 – 31
Fitnessstudio und Hostel Binder
04720 Döbeln, Industriestraße 1
Tel.: 03431 701638
www.fitnessstudio-binder.de/hostel

32 – 35
AA DD Art Apartmets Dresden
Familie Bücker
Unkersdorfer Str. 12
01157 Dresden
Tel.: 0351 4211315; Funk: 0176 39115712
www.aa-dd.de

36 – 39
Restaurant Cicchetto
Parkstr. 34
09328 Lunzenau
Tel.: 037383 61252
www.cicchetto.info
www.vinotore-weinbar.de

40 – 43
Direkt vom Feld
Richard Friedrich
Bahnhofstr. 7b
09557 Flöha
Tel.: 03726 39589840
https://direktvomfeld.eu

44 – 47
Elementaris
by Beate Pfefferkorn
Rudolf-Renner-Str. 17
01157 Dresden
Tel.: 0176 64978823
www.elementarisbypfefferkorn.de

48 – 51
Rittergut Endschütz
Susann Schmidt
Rittergut Nr. 1
07570 Endschütz
Tel.: 036603 61699
www.rittergut-endschuetz.de

52 – 55
Eulenmeisterei
Silvia Eulitz
Petersberg 19C
04720 Döbeln OT Petersberg
Tel.: 034325 559095
www.eulenmeisterei.de

56 – 61
Hotel Fährhaus
Meißen
Hafenstr. 16 - 18
01662 Meißen
Tel.: 03521 7288860
https://designhotel-meissen.de

64 – 67
Villa Constance
Familie Fichtner
E-Mail: HeikeJentzsch@gmx.de

68 – 73
Ferienhaus Villa Frieda
Elke Schröpel
Forstweg 6
08107 Kirchberg
Tel.: 037602 70583
Funk: 0176 94045353
www.villa-frieda-kirchberg.de

74 – 77
Gewandhaus Dresden
Ringstr. 1
01067 Dresden
Tel.: 0351 494969
www.gewandhaus-hotel.de

78 – 81
Goldhahn Consult Schlossverwaltungs-vermittlungs- und Liegenschaftsgesellschaft mbH
Poetenweg 26
04155 Leipzig
sowie
Schloss Püchau
Schlossstraße 20
04828 Machern
Tel.: 0341 5647718
Funk: 0176 63764288
www.schloss-puechau.de

82 – 85
Blankholz Leipzig
Tino Gräfe
04319 Leipzig, Werkstättenstr. 31/Halle B
Tel.: 0341 446720
www.blankholz-leipzig.de

86 – 89
Brotbackkurse, Gesunde Ernährung, Malerei
Anke Griesbach, Oberer Steinweg 2
09619 Sayda , OT Friedebach
Tel.: 0152 04659823
https://www.anke-griesbach.de

90 – 93
Guckstoff
Marco Suhr
Teichstr. 1a
07907 Schleiz
Tel.: 0170 7311697
www.guckstoff.com

94 – 97
Modeatelier Ies Günnel
Markt 14
01454 Radeberg
Tel.: 03528 441108
www.modeatelier-ines-guennel.de

98 – 103
House of Julia
Julia Felber Schmuckdesign
Tel.: 0351 85671285
Funk: 0157 52553556
E-Mail: hallo@house-of-julia.com
www.facebook.com/House-of-Julia

104 – 109
Einrichtungshaus Käppler OHG
Hohe Str. 4
01796 Dohma
Tel.: 03501 446315
www.kaeppler.de

110 – 113
Apartmenthaus Brunnenhof
Alte Hauptstr. 35
01824 Kurort Gohrisch
OT Papstdorf
Funk: 0172 3044680
www.apartmenthaus-brunnenhof.de

114 – 119
Apartmenthaus Saxonia
Friedmar Kleber
Kirnitzschtalstr. 53
01814 Bad Schandau
Funk: 0163 4441144
www.apartmenthaus-saxonia.de

122 – 125
Kreidezauber Anja Krabbes
Seumestr. 150
04249 Leipzig
Funk: 0171 2135369
www.kreidezauber.de

126 – 127
Die KuschelKiste
Dr. Elisa Meyer
Könneritzstr. 78
04229 Leipzig
E-Mail: cuddlerslisi@gmail.com
www.cuddlers.net

128 – 131
Laasenhof
Familie Höse
Auf der Laase 21
01796 Struppen
Tel.: 035021 99288
https://laasenhof.de

132 – 135
NaturWunderBar
Am Friedhof 7
04639 Gößnitz
Tel.: 01578 0468990
http://naturwunderbar.de

136 – 141
Villa Herbstes Segen
Matthias Lau
Plattleite 4
01326 Dresden
Tel.: 0351 4423097
http://elbdomizil.de

142 – 145
Lavendel
Christine Winkler-Dudczig
Funk: 0176 64290099
E-mail: c.winkler-dudczig@web.de
www.lavendelhain.de

146 – 149
Jagdschloss Bielatal
Ferienwohnungen Lubbers GbR
Schweizermühle 1
01824 Rosenthal-Bielatal
Funk: 0157 75335882
www.jagdschloss-bielatal.de

150 – 153
LukullusT
Claudia Thorn
Harkortstr. 3, 04107 Leipzig
Tel.: 0341 3019227
https://.lukullust.de

154 – 157
Studio 44 und Café Julius & Hans
Marc Binder
Lumumbastr. 2
04105 Leipzig
Tel.: 0172 4466484
www.studio44-apartments.de

158 – 163
Unikum
Familie Mehnert
Lederwerkstatt, Schneideratelier
Langebrücker Str. 18, 01465 Schönborn
Tel.: 03528 447471
E-Mail: ina.b.mehnert@gmx.de

164 – 167
Pestorado
Melanie Prohl
Kirchplatz 2
01689 Weinböhla
Tel.: 035243 463410
www.pestorado.de

168 – 171
Möbel Rehn
Jägerstr.7
01705 Freital
Tel.: 0351 643580
https://moebel-rehn.de

174 – 179
Kyau Haus
Wettinstraße 2
01445 Radebeul
Funk: 0170 7834995
www.kyauhaus.de

180 – 183
RETROVELO
Frank Patitz
Lützner Str. 75, 04177 Leipzig
Tel.: 0341 4792906
https://retrovelo.de

184 – 187
Rösterei Momo GmbH
Mike Brettschneider
Korngasse 3
09599 Freiberg
Tel.: 03731 419240
www.roesterei-momo.de

188 – 191
Schmidtalien
Sandstraße 1
04880 Dommitzsch
Tel.: 034223 602538
http://schmidtalien.com

192 – 195
Cliff's
Brauwerk
Leipzig
Cliff Schönemann
Leibnizstr. 17
04105 Leipzig
Tel.: 0341 97441002
www.cliffs-brauwerk-leipzig.de.

196 – 199
Landhaus
Schramm
Südstraße 2
01156 Dresden
Cossebaude
Tel.: 0351 4530051
www.landhaus-schramm.de

200 – 203
DIE HAARMANUFAKTUR
Susann Schwanebeck
Tolkewitzer Str. 38a
01277 Dresden
www.haarmanufaktur-dresden.de

204 – 205
Ferienwohnungen
Torgau
Arlett Sens
Wintergrüne 3
04860 Torgau
Tel.: 03421 774862
www.ferienwohnung-torgau.de

208 – 211
Töpferfee
Kati Staer
Lengenfelder Str. 197
08064 Zwickau
Tel.: 0175 4338643
www.toepferfee.de

212 – 213
JS-HimmelsStürmer
Julia Steglich
Lauschka 11
04746 Hartha
Tel.: 0173 6559863
www.js-himmelsstuermer.de

214 – 215
Fereinhaus Mahlitzsch
Dorfstr. 5
04880 Dommitzsch
Tel.: 034223 60900
https://fewomahlitzsch.
wordpress.com

216 – 219
Strohhutmanufaktur
Carola und Maik Fischer
Dohnaer Straße 223
01257 Dresden
Funk: 0177 6000444
Tel.: 0351 85188905
www.strohhutmanufaktur-dresden.de

220 – 221
Tom Thomas, freier Gestalter
Dorfplatz 5
01809 Heidenau
Tel.: 03529 524020
www.tom-thomas.de

222 – 225
Gästehaus Meißen Uwe Ulbrich
Jahnastraße 24
01662 Meißen
Funk: 0172 2373079
www.nooaks.com

226 – 229
UNDINE Kosmetik GmbH
Arthur-Hoffmann-Str. 45
04107 Leipzig
Tel.: 0341 69881941
www.undine-kosmetik.de

230– 235
Hotel Villa Sorgenfrei
Augustusweg 48
01445 Radebeul
Tel.: 0351 7956660
www.hotel-villa-sorgenfrei.de

Dank

Mein herzlicher Dank gilt allen Protagonisten dieses Buchprojektes, die durch ihr Engagement, ihre Freundlichkeit, Offenheit und pekuniäre Beteiligung ein
Erscheinen des Titels „Glücks-Momente" möglich gemacht haben.
Ein weiteres großes Dankeschön geht
an meine Lektorin Ina von Brunn, die mir professionell, kurzfristig und unkompliziert mit Rat und Tat zur Seite gestanden hat. Nicht zuletzt bedanke ich mich ganz herzlich für die Unterstützung von Tina Walter aus Döbeln bei diversen organisatorischen, technischen und logistischen Aufgaben.

Fotonachweis

Wir danken für die freundliche Genehmigung zur Abbildung folgender Fotos auf den genannten Seiten. 1: Hotel Villa Sorgenfrei, Radebeul; 2 Mitte und rechts sowie 3: RETROVELO, Leipzig; 6 unten rechts: Direkt vom Feld, Flöha; 15 oben links und rechts: Königliche Ausspanne, Dresden; 16 bis 19: Baldauf Villa, Marienberg; Fotoclub Erzgebirge sowie Jan Seitenglanz; 20 oben links: Benita Martin, Chemnitz; 22, 25: Atelier Schloss Batzdorf; 33 oben links und rechts, 35: Art Apartments, Dresden; 36, 37 sowie 39 oben links und rechts: Restaurant Cicchetto, Lunzenau; 40 bis 43: Direkt vom Feld, Flöha sowie Fotografen: Fabian Thüroff, Chemnitz, Oliver Brenneisen, Stephanie Barth, Walter Keller. 45 oben rechts, 46 oben links und Mitte sowie oben rechts, 47 oben links und rechts: Elementaris by Beate Pfefferkorn, Dresden; 49 unten, 50 sowie 51 unten links und rechts: Rittergut Endschütz, Fotografin Carmen Spitznagel; 66 oben und unten rechts: Familie Fichtner, Roßwein; 74 bis 77: Gewandhaus Hotel, Dresden; 78 bis 81: Familie Goldhahn, Schloss Püchau; 87, 88 unten rechts, 89 unten links und rechts: Anke Griesbach, Malerei und Mehlerei in Friedebach; 90, 91 oben und unten rechts, 92 oben und Mitte, 93 außer oben: Guckstoff, Familie Suhr, Schleiz sowie Fotograf Steffen Rössler; 96, 97 oben links: Staatliche Schlösser, Burgen und Gärten Sachsen; 100 bis 103: Schmuckdesign Julia Felber, Dresden; 108 oben und Mitte: Möbelhaus Käppler Dohma sowie „Natura"; 110: Brigitte Kirschner, Brunnenhof Papstdorf; 115 oben rechts, 116 unten links, 117 oben rechts sowie 118, 119: Apartmenthaus Saxonia, Bad Schandau; 122 bis 125: Kreidezauber Anja Krabbes, Leipzig; 126, 127: KuschelKiste Elisa Meyer sowie Fotografen Thomas Victor und Iza Hegedür, Leipzig; 128, 129 oben rechts, 130, 131 unten rechts: Laasenhof, Familie Höse sowie Fotograf Christian Bernhardt, cck print media GmbH, Rethwisch; 132, 134 Mitte sowie unten links und rechts, 135 oben und unten rechts: NaturWunderBar, Gößnitz; 136, 139 Mitte, 140, 141 außer oben links: Villa Herbstes Segen, sowie Fotografin Anke Wollten-Thom; 144, 145 außer unten rechts: Lavendel, Christine Winkler-Dudczig, Königshain; 155 unten rechts, 156 unten links: Studio 44, Leipzig; 164, 165 außer unten rechts, 166 unten links und rechts sowie 167 oben, Mitte und unten rechts: Pestorado, Weinböhla; 178 unten, 179 oben links: KyauHaus, Radebeul; 180 bis 182: RETROVELO Leipzig sowie benannte Fotografen (Text); 187 unten rechts: Rösterei Momo, Freiberg; 188, 190 oben links: Schmidtalien, Dommitzsch; 192, 193 oben und unten rechts, 194 unten rechts, 195 Mitte sowie unten links und rechts: Cliff's Brauwerk, Leipzig; 200, 202 oben links: Die Haarmanufaktur Susann Schwanebeck; 204, 205: Familie Sens sowie Fotograf Wolfgang Sens; 209, 211: Töpferfee Kati Staer, Zwickau; 212: JS-HimmelsStürmer, Julia Steglich, Lauschka sowie Fotografin Nora Scholz; 214 Mitte: Ferienwohnung Familie Stoppel, Dommitzsch; 216, 217 oben rechts, 219: Strohhutmanufaktur, Dresden; 220, 221: Tom Thomas, freier Gestalter, Heidenau; 227 oben links, unten rechts; 228 oben und unten links: UNDINE Kosmetik, Winnie Hortenbach, Leipzig sowie ADOBE, Wolfgang Schmidt und Lutz Hortenbach; 230 bis 235 Hotel Villa Sorgenfrei, Radebeul sowie Fotografin Anke Wolten-Thom, Dresden.

In eigener Sache

Wir sind sehr gern für Sie da und werden auch weiterhin für Sie unterwegs sein. Seit über einem Jahrzehnt berichten wir als Lebensart-Verlag erfolgreich über Land und Leute. Danke, dass Sie sich auch weiterhin für unsere Bücher entscheiden, in ihnen schmökern und ihre Vielfalt genießen. Wir möchten zeigen, welche Möglichkeiten es gibt, das eigene Dasein und Tun zu gestalten. Wir glauben, dass wir in einem wunderschönen Land mit unendlich vielen Ressourcen leben und von unzähligen kreativen und ebenso erfolgreichen Menschen umgeben sind. Unser Credo: Wir möchten Ihnen Mut machen und Sie auch weiterhin inspirieren, das zu tun, was Ihnen entspricht, Freude macht und Erfüllung bringt.

Ihr Lebensart-Verlag Elke Börner
Körnerplatz 14
04720 Döbeln
www.landleben-creativ.de

Peter Sodann Antiquariat & Herberge zum guten Buch

Thomas-Müntzer-Platz 8
01594 Staucha
geöffnet: Mo – Fr: 8 – 14 Uhr
Mail: antiquariat@psb-staucha.de

Telefon: 035268 949574

Das Peter Sodann Antiquariat ist für Sie Tag und Nacht erreichbar: **www.antiquariat-peter-sodann.de.** Gern können Sie auch per Telefon, auf dem Postweg und per Mail bei uns bestellen oder zu den Öffnungszeiten der Bibliothek persönlich vorbeikommen.

Sie können auch gern in Staucha in unmittelbarer Nähe der Bücher übernachten:

Herberge zum guten Buch
Riesaer Str. 1, 01594 Staucha.

Es sind vier gemütliche Zimmer mit Bad, ein Frühstücksraum und eine kleine Küche vorhanden. Ihre Fahrräder haben bei uns auch eine Unterkunft.

Buchbar über:
herbergezumgutenbuch@gmail.com
und zu den Öffnungszeiten der Bibliothek